Das Prinzip BORA

Erfolgsrezepte für Ihren Verkauf

Das Prinzip BORA

Erfolgsrezepte für Ihren Verkauf

ARISTON

„Dunstabzugshauben haben keine Zukunft."

Willi Bruckbauer

Dieses Buch haben wir für unsere Handelspartner als Mitglieder der BORA Familie verfasst, für Sie.

Hier finden Sie die außergewöhnliche Entwicklung von BORA, die dank Ihnen eine gemeinsame und eine ganz besondere ist. Zugleich möchten wir Ihnen Anregungen geben und Ideen vermitteln, wie Sie vielleicht noch wirksamer verkaufen können. Zu Ihrer Zufriedenheit und zur Begeisterung Ihrer Kunden. Denn BORA ist auch eine Geschichte von Inspiration und Innovation, von Teamgeist und Partnerschaft. Und wir sind der Überzeugung, dass wir sie mit Ihnen – unseren Partnern – erfolgreich fortführen werden.

Willi Bruckbauer

Inhalt

BORA: Leidenschaft und Perfektion

Liebe Leser,

Sie erleben das sicher auch: In den letzten Jahren hat sich der Stellenwert der Küche deutlich verändert. Eine neue Offenheit ist gewünscht, Küche und Kochen werden nicht mehr in einen abgetrennten Arbeitsraum verbannt, sondern sind Zentrum des Hauses. Hier finden Kochen und Essen statt, Begegnung mit Freunden und Familie. Für den Käufer gehört die perfekt nach seinen Wünschen gestaltete Küche zum anspruchsvollen Lebensstil.

Um diesen Raum ideal zu gestalten, sind zwei Grundbedingungen wesentlich: Für ungetrübte Freude am Kochen und Genießen brauchen die Bewohner bei der Zubereitung freie Sicht und ausreichend Platz. Und der Planer sollte beim Küchendesign die größtmögliche Freiheit haben und nicht von vorgegebenen Bauelementen beeinträchtigt werden.

Vor gut zehn Jahren gab es noch einen erheblichen Störfaktor: die Dunstabzugshaube! Sie behinderte die Arbeit am Herd oder beeinträchtigte den Blick und damit die Kommunikation. Zugleich war sie laut und benötigte viel Platz. Trotzdem nahm man sie hin.

Die Geschichte von Bora begann mit der einfachen, aber seinerzeit noch revolutionären Idee: Was kann ich tun, um den beim Kochen und Braten entstehenden Dunst effektiv nach unten abzusaugen? Es gelang uns, darauf eine Antwort zu geben.

Eigentlich wollte ich nur schöne Küchen bauen, mit einer angenehmen Atmosphäre und freiem Blick, einen „Wohn"-Raum, in dem man unbeschwert kochen, sitzen und genießen kann. Aus der Vision sind ein Produkt und eine starke Marke geworden: BORA. Seither steht dieser Name für Qualität „Made in Germany and Austria", für hochwertige Materialien, beste Verarbeitung und ständige Innovationen.

Ich war immer ein leidenschaftlicher Radrennfahrer, anfangs dachte ich sogar an eine Profikarriere. Da lernt man durchzuhalten – und den richtigen Zeitpunkt zu finden, sich vom Feld abzusetzen. Vor allem aber erfährt man, dass für den dauerhaften Erfolg ein starkes Team unerlässlich ist.

Ohne die Menschen in und um BORA ist die Entwicklung lediglich eine geniale Idee. Da ist einerseits eine junge und ehrgeizige Mannschaft, die hochmotiviert Küchen-Zukunft gestaltet. Und zum anderen Sie, unsere Handelspartner, die das Produkt engagiert und mit Weitblick verkaufen. Dieses Erfolgsteam macht unsere Vision zu dem, was sie heute ist: eine Marke mit Charakter, die das Küchenleben schöner, angenehmer, ruhiger und kommunikativer macht.

Dabei sind Sie unser kompetenter und verlässlicher Partner, darauf bin ich stolz! Lassen Sie uns weiter an unserem gemeinsamen Erfolg arbeiten.

Ihr Willi Bruckbauer

SPECIALIZED

ES FUNKTIONIERT! DAS PRINZIP BORA

1

BORA

Es funktioniert! Das Prinzip BORA

Was braucht der erfolgreiche Küchenverkäufer? Natürlich vorrangig gründliche Fachkenntnis, ein kommunikatives, einnehmendes Wesen, Spaß am Verkaufen – und Neugierde: auf den Kunden und seine Bedürfnisse, auf neue Entwicklungen, auf neue Ideen. Und gerade tut sich einiges!

Die Küche hat sich in den letzten 20 Jahren grundlegend verändert und gewinnt neue Aufmerksamkeit. Ein Trend, der sich weiter fortsetzt: Kochen wandelt sich zunehmend zum Erlebnis, die Küche als Ort gemeinsamer Aktivitäten und der Kommunikation wird wiederentdeckt. Immer neue Kochshows, Lokaltests und Küchenchefs erscheinen in den Medien, außerdem werden sowohl exotische wie regionale Spezialitäten ausprobiert. Die Küche als Bühne spielt dabei eine bedeutende Rolle. Design, Funktion und individuelle Gestaltung werden immer wichtiger. Zum einen wird sie immer professioneller und technischer, nach dem Vorbild namhafter Edelrestaurants. Zum anderen öffnet sie sich zum Wohnraum hin, sei es als „offene Küche" mit fließendem Übergang oder gleich als integraler Teil des Wohnzimmers. Ein effizienter Dunstabzug ist bei diesen modernen Wohnkonzepten unerlässlich – wer möchte schon von Zwiebeldunst und Bratengeruch umgeben sein? Die typische Dunstabzugshaube, wie man sie kennt, trägt wenig zu einem angenehmen Raumklima bei und oft ist sie schlicht im Weg.

Doch auch der versierteste Küchenplaner steht ohne hochwertige Produkte, die er überzeugend anbieten und glaubwürdig empfehlen kann, auf verlorenem Posten. Es sind Produkte, auf die sich der Planer/Verkäufer hundertprozentig verlassen kann und die auch die Erwartungen des ambitionierten Käufers erfüllen. Nur so kann er sein Verkaufstalent und seine Kompetenz als Küchenplaner ausschöpfen, um am Ende den Zuschlag zu bekommen.

Diese Produkte helfen, die Lebensqualität des Kunden zu verbessern. Sie erfüllen verlässlich Bedürfnisse in puncto Funktion, Ästhetik und Emotion – für den Kunden wie den Verkäufer. Schließlich steht mit jedem Produkt, das er empfiehlt und verkauft, seine Reputation als sachverständiger Partner des Käufers auf dem Spiel. Und dieser gute Ruf ist nun einmal Voraussetzung für einen langfristigen und dauerhaften Erfolg im Küchenverkauf.

Hochwertige Produkte, die den aktuellen Trends und Kundenwünschen entsprechen, bieten darüber hinaus die Chance, sich deutlich von den Mitbewerbern abzuheben und Exklusivität zu vermitteln. Angesichts der neu entfalteten Liebe zur Küche ein kaufentscheidender Aspekt.

Die Küchenrevolution

Mit den Kochfeldabzügen von BORA eröffnen sich völlig neue Möglichkeiten in der Planung. Sie verändern die Küchenarchitektur und machen das Kochen für den Nutzer einfacher und angenehmer. Gleichzeitig wird der optische und akustische Störfaktor Dunstabzug eliminiert.

Mit den effizienten Kochfeldabzügen, Kochfeldern, nebst Zubehör und Services steht dem Küchenplaner ein umfassendes Systemangebot zur Verfügung, das für die Gestaltung der Küche außergewöhnlich großen Spielraum eröffnet und seinen Kunden mehr Freiheit im Wohnraum bietet. Gleichzeitig bietet BORA dem Verkäufer mit drei kompletten Systemen eine Produktpalette, die für eine breite Zielgruppe infrage kommt.

Welche Möglichkeiten sich mit der BORA Technologie realisieren lassen, wird deutlich, wenn man das Prinzip dieses patentierten Kochfeldabzugs einmal näher betrachtet.

Angewandte Physik

Allen BORA Kochfeldabzügen liegt ein schlüssiges physikalisches Prinzip zugrunde: Beim Dünsten, Kochen und Braten entstehen Kochdünste und -gerüche, die durch die Wärme nach oben steigen. Mit der BORA Technik werden sie direkt dort abgesaugt, wo sie entstehen: am Kochfeld bzw. aus Topf, Bräter, Wok, Pfanne oder vom Tepan Grill. Dieses Absaugprinzip folgt den Grundprinzipien der Strömungslehre – es ist nichts weiter als angewandte Physik. Bei BORA Kochfeldabzügen wird eine Querströmung genutzt, die stärker ist als die Steiggeschwindigkeit des Kochdunstes.

Eine verblüffend einfache Lösung – in der Theorie. Die funktionelle und dauerhaft wirksame Umsetzung erfordert jedoch sehr viel Akribie im Detail. Aber das braucht den Kunden nicht zu interessieren. Ihm steht mit diesem System ein ausgereiftes, inzwischen bewährtes Produkt zur Verfügung, das er ganz selbstverständlich nutzen kann. Und das es ihm ermöglicht, seine individuelle Vorstellung einer modernen Küche – ob groß oder klein, ob offen oder separat – Wirklichkeit werden zu lassen.

Das Original

Die Funktionalität und Innovationsleistung des BORA Prinzips ist inzwischen so nachdrücklich unter Beweis gestellt, dass sich nicht nur eine Reihe unterschiedlicher Nachahmer daran orientieren. Auch in der Fachpresse und bei Interessenten wird der Begriff „Abzug“ mit BORA gleichgesetzt.

„Das Prinzip BORA setzt sich durch.“
Fachmagazin Küchenhandel 4/2016

Ein Markenerfolg vergleichbar mit Tempo, Nescafé oder Tesa, der eigentlich für sich spricht. Auf den man als Hersteller schon ein bisschen stolz sein darf, der aber auch einen wichtigen Pluspunkt für das Verkaufsgespräch darstellt. Denn das Original hat immer seinen besonderen Wert und seine eigene Wertschätzung durch den Kunden.

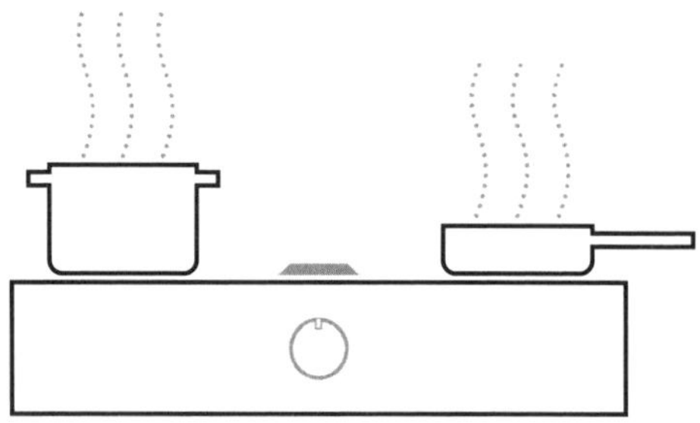

Kochdünste steigen mit maximal 1 Meter pro Sekunde auf.

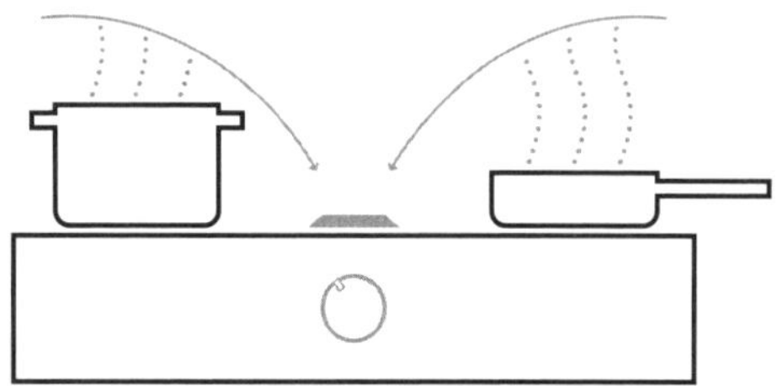

Der BORA Kochfeldabzug saugt mit ca. 4 Metern pro Sekunde nach unten ab.

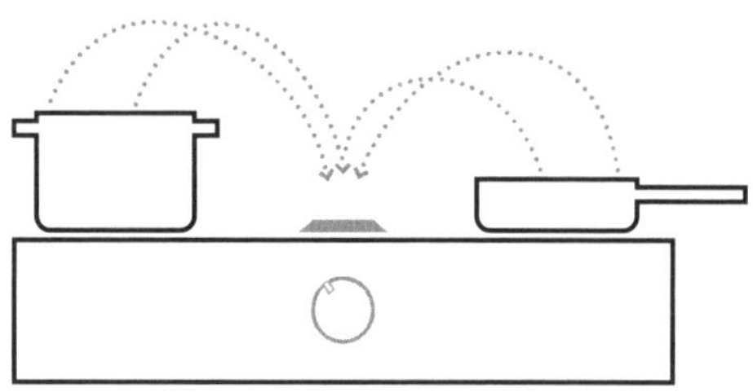

Die höhere Querströmung saugt Kochdünste und -gerüche effektiv und unmittelbar am Kochfeld ab.

Verschiedene Produkte für unterschiedliche Zielgruppen

Innovation, Funktionalität und Ästhetik. Dieser Dreiklang zeichnet alle Produkte von BORA aus. Sie sind gründlich durchdacht und vielfach erprobt. Für den Planer und Verkäufer heißt das aber auch: Sie sind einfach zu verstehen, einfach zu planen und einfach zu montieren – und ihre Vorzüge lassen sich ebenso einfach und überzeugend vermitteln!

In Kürze

Das Prinzip BORA:

1. Dunstabzug mittig im Kochfeld, dadurch höchste Luftreinheit
2. Starke Querströmung wirkt effektiver als Abzug nach oben
3. Kein optischer und akustischer Störfaktor
4. Auch für komplizierte Raumlösungen, die mit Dunstabzugshauben nicht zu realisieren sind (Fenster, Dachschrägen, offene Küchen ...)
5. Drei unterschiedliche Varianten des gleichen Prinzips für unterschiedliche Käuferwünsche
6. Komplette Systemlösung, alle Teile spielen zusammen und bauen aufeinander auf
7. Hochwertige Materialien, perfekt verarbeitet, „Made in Germany and Austria“
8. Aus dem Handel für den Handel entwickelt

Ein Prinzip – drei Lösungen

BORA hat sich von Anfang an auf ein Thema konzentriert: die optimale Realisierung des Kochfeldabzugs. Darin liegt die besondere Innovationskraft und die Alleinstellung im Markt.

Doch Kunden und Küchen sind unterschiedlich, deshalb wurden aus dem BORA Prinzip drei Modellvarianten entwickelt:

- ***BORA Professional***
- ***BORA Classic***
- ***BORA Basic***

BORA Professional, BORA Classic und BORA Basic sind drei komplette Systeme für jede Küche. Das besondere Know-how und die jahrelange Erfahrung mit der Technologie des Kochfeldabzugs sind in allen drei Systeme wirksam. Ebenso wie der Ehrgeiz, die richtige Lösung für jede Aufgabenstellung zu bieten.

Mit den drei verschiedenen Produktlinien lässt sich nahezu jede Küche ausstatten. Damit kann dem Kunden das für ihn und die Raummöglichkeiten richtige System geboten werden. Für offene und geschlossene Küchen, für mittig im Raum platzierte Kochinseln oder für Küchenzeilen mit dem Herd vor dem Fenster oder vor einer Wand: Das System ermöglicht größte Planungsfreiheit, auch bei Dachschrägen, niedrigen Decken oder besonders hohen Räumen – immer ohne Sichtbehinderung und störende Absauggeräusche auf Ohrenhöhe.

Alle drei Systeme lassen sich als Abluft- oder Umluftversion planen und alle drei Systeme sind sowohl flächenbündig als auch in Aufsatzmontage realisierbar. Wie der Einbau erfolgt, hängt, abgesehen von den baulichen Voraussetzungen, vom Ermessen des Planers sowie den spezifischen Wünschen des Kunden ab.

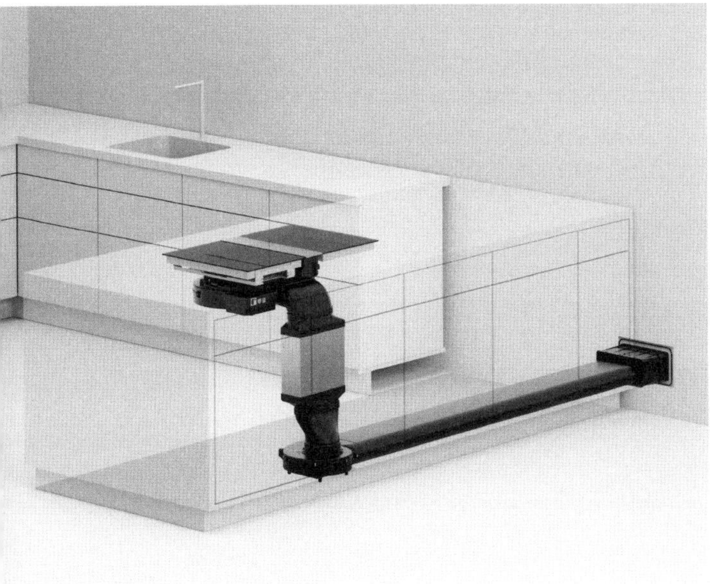

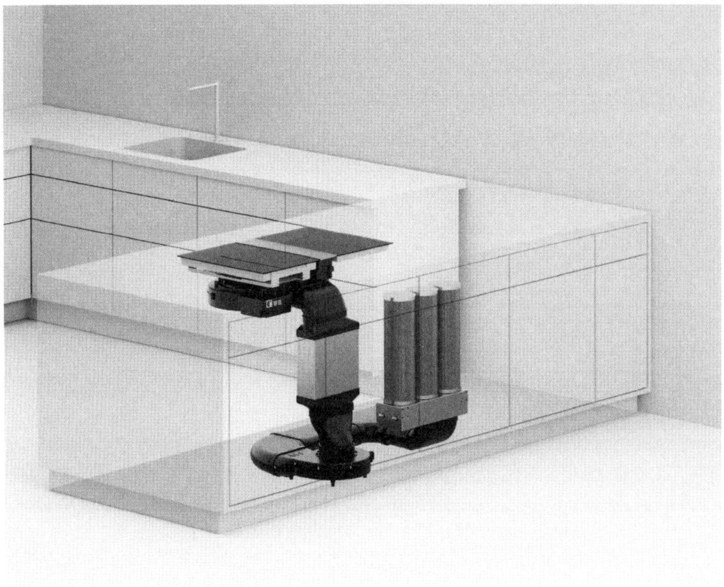

BORA Professional **_Abluft_** **_Umluft_**

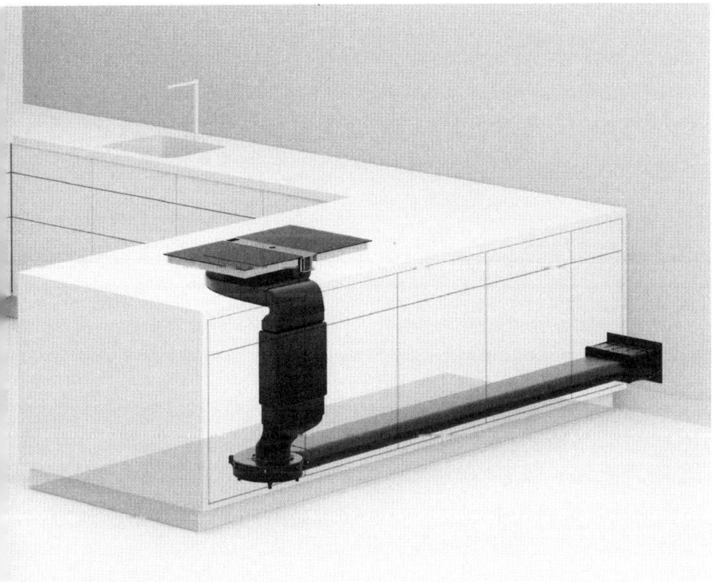

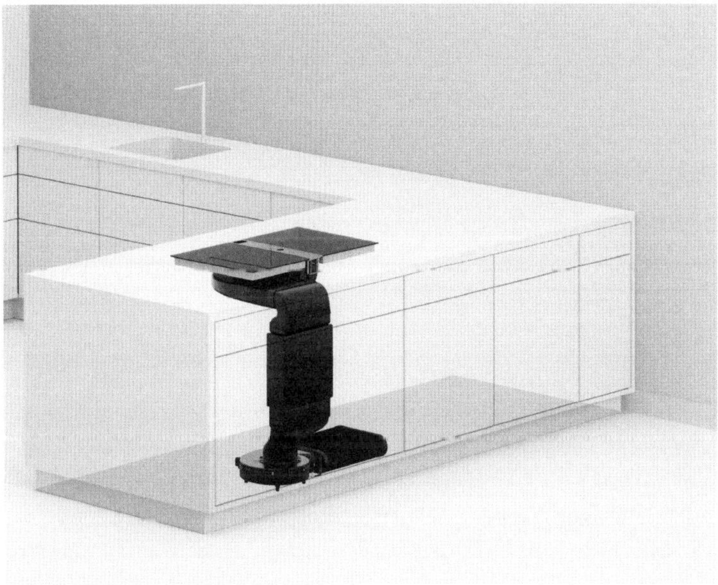

BORA Classic **_Abluft_** **_Umluft_**

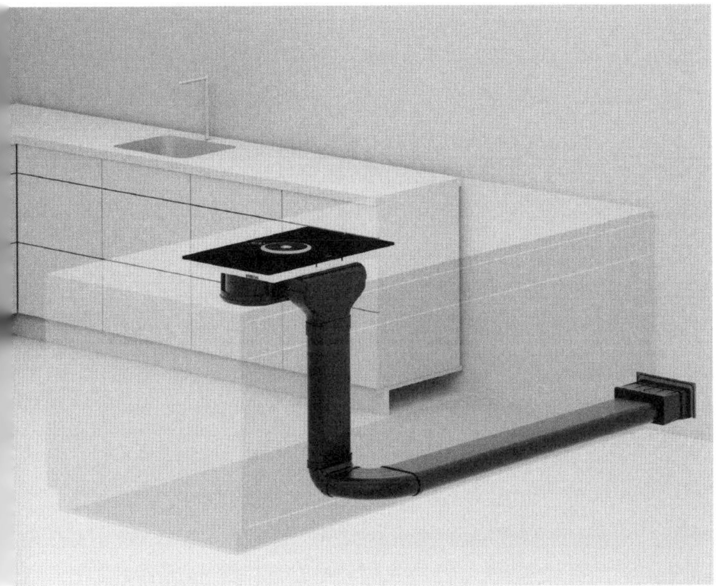

BORA Basic **_Abluft_** **_Umluft_**

BORA Professional – Kochen auf höchstem Niveau

BORA Professional ist die Lösung für den anspruchsvollen Koch oder Hobbykoch: ein effizienter und zugleich eleganter Kochfeldabzug, der sich in ein individuelles Küchendesign einfügt, ohne es zu dominieren.

Die Produktlinie Professional ist auf den ersten Blick sofort an den charakteristischen Bedienknebeln erkennbar. Sie bieten ambitionierten Hobbyköchen vielfältige zusätzliche Funktionen. Gleichzeitig eröffnet das System dem Küchenplaner eine Vielzahl von Kombinationsmöglichkeiten.

BORA Professional ist modular. Es besteht aus Kochfeldabzug, Kochfeldern, Kanal, Schalldämpfer, Motor und Mauerkasten oder Umluftfilter. Alle diese Elemente sind sorgsam aufeinander abgestimmt, was Planung, Einbau und Pflege erleichtert.

Maßarbeit

Der Kochfeldabzug ist das „Herzstück“ eines Systems, das sich Endkunden ganz individuell zusammenstellen lassen können. Der Küchenplaner kann die Kochfelder und Küchensituation kombinieren und Kochfeld samt Kochfeldabzug beliebig aneinanderreihen. Ob BORA Tepan Edelstahlgrill, Induktion, Highlight-Beheizung, jeder Kundenwunsch lässt sich erfüllen.

BORA Professional bietet zudem eine Vielzahl von Planungsvarianten. Es stehen fünf verschiedene Lüftermotoren und ein spezieller Ergänzungslüfter zur Verfügung. Diese sorgen dafür, dass in jedem Fall die richtige Strömungsgeschwindigkeit am Kochfeldabzug sichergestellt ist und das System effektiv arbeitet.

Eine weitere Professional-Besonderheit ist die „Übertiefe“. Das heißt, das komplette System aus Kochfeldern und Kochfeldabzug ist 54 cm tief, statt wie üblich 51 cm. Da sich die Bedienung in der Frontblende befindet, kann die vollständige Kochfeldtiefe von 54 cm zum Kochen genutzt werden. So lässt sich zum Beispiel mit vier großen Töpfen oder vier großen Pfannen gleichzeitig arbeiten. Auf diese Weise muss der engagierte Hobbykoch nicht Töpfe hin- und herschieben oder das Menü mangels Platz nacheinander zubereiten, sondern kann seiner Passion ungebremst nachgehen.

Der Bedienknebel verfügt neben der Drehfunktion in der Mitte zusätzlich über ein Touch-Bedienfeld mit verschiedenen Funktionsprogrammen und Temperaturanzeige. Diese Verknüpfung von „analoger Welt“ (Drehknebel, Leistungsregelung) und „digitaler Welt“ garantiert höchsten Bedienkomfort. Auf dem BORA Tepan Edelstahlgrill kann man gradgenau grillen wie die Profis. Für höchste Temperaturgenauigkeit +/- 1 °C.

In Kürze

BORA Professional:

1. Zu erkennen an den Bedienknebeln mit integrierten Funktionsprogrammen
2. Leichte Reinigung durch breite Abzugsöffnung und einfach herausnehmbare Filter und Filterwanne
3. Kochfeld und Kochfeldabzug kommunizieren miteinander für aufeinander abgestimmte und effiziente Leistung.
4. Acht verschiedene leistungsstarke Kochfeldtypen mit Übertiefe 54 cm und ausreichend Platz für zwei große Töpfe und Pfannen hintereinander.
5. Tepan Edelstahlgrill mit zwei großen Kochzonen, Temperaturanzeige und innovativer Heiztechnologie für sehr kurze Aufheizzeiten. Der Tepan Grill heizt gradgenau über die gesamte Fläche bis in die Ecken hinein.
6. Hohe Planungsvielfalt durch fünf verschiedene Lüftermotoren mit innovativer EC-Motorentechnologie für Energieeffizienz der Klasse A++ bei PKA und A+ bei PKAS
7. Höchste Individualität und Flexibilität in der Zusammenstellung der modular aufgebauten Kochfelder
8. Für den Hobbykoch, die Großfamilie, Freunde und viele Gäste

BORA Classic – Ergonomie und Effizienz

BORA Classic, die zweite Produktlinie von BORA, kam bereits im Jahr 2010 auf den Markt. Bei Classic handelt es sich um ein komplettes Kochfeldabzugssystem, das bereits Kochfeldabzug, Schalldämpfer und Lüftermotor zu einem Produkt vereint und dessen Komponenten wie in einem Bausatz als Paket montagefähig zusammengestellt sind.

Das bedeutet Reduktion auf das Wesentliche, kombiniert mit größtmöglicher Individualität: Der Kunde kann zwischen sechs Kochfeldarten auswählen und seine Kochfelder nach Wunsch zusammenstellen. Auch hier ist es möglich, Kochfeldabzugssystem und Kochfelder weiter aneinanderzureihen, wenn dies gewünscht ist, flächenbündig oder als Aufsatz: Flächenbündig montiert, verschmelzen Kochfeld und Arbeitsplatte, es entsteht eine Optik aus einem Guss. In jedem Fall sorgt BORA Classic für einen Hingucker in der Küche.

Classic verfügt über eine Touchbedienung oben am Kochfeld, auch der Tepangrill und das Gaselement werden dort über einen Knebel bedient. Damit fügt sich die Bedienung von oben in das Design moderner Küchenmöbel ein, das Frontbild ist klar und reduziert. Das Classic-System benötigt geringere Einbaumaße als Professional. Dank der Kombination verschiedener Module zu einem fertigen

In Kürze

BORA Classic:

1. Komplettes Kochfeldabzugssystem
2. Sockellüfter ULS mit innovativer EC-Motorentechnologie für Energieeffizienz der Klasse A++ enthalten
3. Leicht zu planen und leicht zu montieren
4. Zu erkennen an der Bedienung von oben für ein klares Frontbild und dem geraden Kochfeldabzug in der Mitte
5. Leichte Reinigung durch einfach herausnehmbaren Filter
6. Hohe Individualität und Flexibilität in der Zusammenstellung der modular aufgebauten Kochfelder passend zum Classic Kochfeldabzugssystem
7. Für Individualisten, die das Außergewöhnliche und strikt funktionales Design schätzen

Kochfeldabzugssystem ist Classic leicht zu planen und leicht zu montieren, ohne auf die gewünschte individuelle Kombinationsmöglichkeit der verschiedenen Kochfelder zu verzichten. BORA Classic ist ein effektives, funktionales und ästhetisches Produkt und bringt ideale Voraussetzungen für die Planung maßgeschneiderter Küchen mit.

Die hohe Innovationskraft und Funktionalität, gepaart mit zeitloser Ästhetik, wird auch von internationalen Fachleuten geschätzt. BORA Classic 2012 wurde von der Fachjury mit dem begehrten „red dot product design award" ausgezeichnet.

BORA Basic: Kochfeld und Abzug in einem Produkt, passend für jede Küche

BORA Basic heißt die dritte Produktlinie. 2013 dem Markt präsentiert, bietet sie den idealen Einstieg in die gehobene und zeitgemäße Küchenkultur. Funktionelle Gestaltung und leicht zu bedienende Elektronik lassen Kochen und „Küche“ ganz neu erleben. Wer hohe Leistung und ein außergewöhnliches Design schätzt, findet mit BORA Basic die kompakte Lösung für jede Küchengröße.

Die Besonderheit: Aus einem leistungsstarken Kochfeld und einem effektiven Kochfeldabzug wurde eine funktionelle Einheit geschaffen. Diese kompakte Kombination aus Kochfeld und Kochfeldabzug ist „vorkonfiguriert“ und sowohl als Abluft- wie als Umluftsystem erhältlich. Zwei Ventilatoren im Inneren des Kochfelds arbeiten parallel. Die Planung und Montage sind sehr einfach und sehr schnell, BORA Basic lässt sich in wenigen Minuten einbauen und ist sofort einsatzbereit.

Ein weiterer Vorteil der Basic-Serie in der Umluftversion ist eindeutig der Stauraum im Unterschrank. Denn dieser bleibt erhalten, auch die Auszüge müssen nicht gekürzt werden, die Sockelhöhen sind variabel und schwebende Arbeitsplatten sind ebenso möglich wie eine barrierefreie Küchengestaltung. Damit

In Kürze

BORA Basic:

1. Kochfeld und Dunstabzug in einem
2. Zentrale Bedienung von oben und runder Kochfeldabzug in der Mitte
3. Leichte Reinigung durch runde Öffnung und einfach herausnehmbaren Filter
4. Drei verschiedene leistungsstarke Kochfeldtypen vorkonfiguriert
5. Schnellere und einfachere Erstellung des Installationsplanes für den Küchenplaner
6. Leicht und schnell zu planen und zu montieren. Umrüstung von Umluft auf Abluft oder umgekehrt jederzeit möglich
7. Für den Küchenplaner ist nur ein Bestellvorgang auszulösen
8. Ideal für Küchenkäufer mit Bedürfnis nach einem einfachen, kompakten System und entsprechenden Budgetvorstellungen

erreicht Basic mit Umluft bis zu 30 Prozent mehr Stauraum im Unterschrank als bei geführter Umluft in den Sockelbereich – das macht diese Lösung besonders für kleinere Küchen interessant.

Durch das zentrale Bedienfeld in der Mitte kann die volle Kochfeldtiefe genutzt werden. Damit bietet BORA Basic 20 Prozent mehr Platz für Töpfe und Pfannen als andere Kompaktsysteme.

38 Prozent der Küchen in Deutschland sind kleiner als 12 Quadratmeter. In Mitteleuropa sind sogar mehr als 70 Prozent aller verkauften Küchen inzwischen kleiner als 11 Quadratmeter: eine Herausforderung für den Küchenplaner, der eine funktionell wie formal überzeugende Gestaltung realisieren will. Gerade in Kochfeldnähe wird aber Platz gebraucht, um alles in Griffnähe zu haben. BORA Basic ist damit für jede noch so kleine Küche die ideale Lösung und sorgt durch die 2-in-1-Lösung für eine optimale Nutzung des knappen Stauraums.

BORA Basic mit Umluft: die platzsparende Lösung für kleine Küchen

DARK
BORA

SIEBEN VORTEILE FÜR GEMEINSAMEN GESCHÄFTSERFOLG

2

BORA
Jakob Sattler

Sieben Vorteile für gemeinsamen Geschäftserfolg

BORA ist ein Produkt aus dem Handel für den Handel. Die eigenen Erfahrungen aus dem Küchenverkauf und der intensive Austausch mit den Händlern fließen in das Denken und Handeln von BORA ein. Sie bilden die Grundlage der erfolgreichen Zusammenarbeit mit den Handelspartnern.

Den allerersten BORA Kochfeldabzug verkaufte Willi Bruckbauer im niedersächsischen Nordhorn. Dort traf der Firmengründer einen Kunden, erzählte ihm von BORA, und der griff sofort zu. Bruckbauer war aber von Anfang an klar, dass er selbst nicht auf Dauer auch noch Verkäufer sein konnte. Schon sehr früh ging es darum, für den erfolgreichen Vertrieb ein Händlernetz aufzubauen, das die Produkte und die Philosophie des Unternehmens engagiert und mit Überzeugung vermitteln kann. Das setzt die Bereitschaft zu einer weitreichenden Partnerschaft voraus.

Die ersten Handelspartner kamen noch über das persönliche Netzwerk Willi Bruckbauers. Aber mit dem stetigen Zuwachs an Händlern entstand ein gewisser Dominoeffekt. Mittlerweile umfasst das Vertriebsnetz etwa 6.000 Handelspartner in 58 Ländern.

Zur konkreten Verkaufsunterstützung gibt es eine Reihe von guten Argumenten für den Küchenplaner und -händler, mit denen er dem Kunden gegenüber auftreten kann und die seine Arbeit spürbar erleichtern. Sieben dieser Vorteile sind wesentliche Grundlage des Erfolgskonzepts von BORA.

Vorteil 1: Systemlösung

BORA ist mehr als ein Produkt für eine Küche, die modern, benutzerfreundlich und ästhetisch sein soll. Vielmehr handelt es sich um ein ganzheitliches System, das vom Kochfeld bis zum Mauerkasten reicht und in dem zehn Jahre Erfahrung in der Küchenplanung mit Kochfeldabzügen stecken. BORA bietet ein eigenes hierfür entwickeltes Kanalsystem, das die einzelnen Komponenten, wie Abzug, Schalldämpfer, Lüftermotor, Mauerkasten oder Umluftfilter, verbindet. Alle Kanalteile sind aufeinander abgestimmt und zeichnen sich durch beste Effizienz, Flexibilität und Montagefreundlichkeit aus. Dieses System gilt selbstverständlich für alle drei Produktlinien – Professional, Classic und Basic. Das erleichtert Planung und Einbau entscheidend. Zudem bekommt der Planer alles aus einer Hand. Ein weiterer Vorteil dieses Systems der bereits aufeinander abgestimmten Komponenten ist die Funktionssicherheit.

„Als ich Willi Bruckbauer vor zehn Jahren bei einem Branchenevent kennenlernte, erzählte er mir beim Abendessen von seinen Plänen. Zu Hause habe ich dann von einem erzählt, der gerade ‚komplett durchdreht'. Es hat mich aber nicht losgelassen und ich habe immer mal wieder beobachtet, was er so macht. 2008 wollte dann eine gute Kundin, die von ihrem Urlaub aus Rosenheim zurückkam, unbedingt in ihrer neuen Küche das BORA System. Das passte, denn wir wollten das auch gerne mal testen. Und: Es funktionierte! Seitdem sind wir mit im Boot und freuen uns, dabei zu sein."

Jörg Adrian von Adrian Küchen in Aschaffenburg

Vorteil 2: Funktionssicherheit

BORA ist der einzige Hersteller, der vom front bis zum back end alles in einem System anbietet. Also vom Kochfeld bis zum Mauerkasten alles aus einer Hand. Und dann funktioniert's! Alle Komponenten sind heute erprobt und haben sich im täglichen Gebrauch bewährt. Das gibt Sicherheit im Verkauf und erlaubt zugleich, auf dieser Basis individuelle Lösungen zu realisieren. Das steigert die langfristige Zufriedenheit der Käufer, aber auch der Verkäufer.

Mit Verwendung der BORA Materialien wird volle Leistung garantiert, von Anfang an. Möglich machen dies unter anderem:

- die nachgewiesene Cleanrate (siehe Kasten rechts)
- das eigene Prüflabor
- die BORA Expertise als Spezialist für Kochfeldabzüge

Cleanrate

Die Cleanrate beschreibt die Fangrate des Dunstes, d. h. den Anteil der Kochdünste, die eingefangen bzw. abgesaugt werden. Damit beschreibt die Cleanrate die Sauberkeit der Luft in Kopfhöhe. Wie leistungsfähig Dunstabzugshauben sind, lässt sich also messen. Dafür gibt es die DIN-Norm EN 61591, mit der die Geräte zu bewerten sind. Gemessen werden dabei die Leistung des Lüfters, die Reduzierung des Geruchs und die Fettabscheidung. Über die Ermittlung des MEK-Wertes (Methyl-Ethyl-Keton-Anteil in der Raumluft) lässt sich außerdem bestimmen, wie effektiv die Ausdünstungen des Kochens beseitigt werden. Mithilfe dieses Cleanrate-Verfahrens lässt sich also objektiv vergleichen, wie effizient Abzugssysteme wirklich arbeiten. Einfach ausgedrückt: Je mehr Dunst „eingefangen" wird, der sich dann nicht verteilen kann, desto effektiver arbeitet ein System.

BORA erreicht einen Cleanrate-Wert, von dem herkömmliche Dunstabzugshauben weit entfernt sind. Denn diese laufen mit hohem Aufwand für verhältnismäßig wenig Ertrag. Dampf und Gerüche müssen erst einen realtiv weiten Weg zurücklegen, bevor sie eingesaugt werden. Außerdem wird meist nicht der gesamte Dampf abgesaugt, gut die Hälfte zieht vorbei. Die Kochfeldabzüge von BORA kommen hingegen in Kopfhöhe auf eine Cleanrate von nahezu 100 Prozent. Dank der eingesetzten Strömungsgeschwindigkeit und der innovativen Motorentechnik wird der Dunst gleich dort abgesaugt, wo er entsteht. Das bedeutet auch: Die beim Kochen freigesetzten Fettpartikel verteilen sich nicht mehr im Raum, sondern werden gleich im Edelstahl-Fettfilter eingeschlossen.

„BORA liefert ein Produkt, das sehr unkompliziert im Handling ist - von der Preisliste über die Zeichnungen bis hin zu den Informationen rund um die Produkte, die sich auch dadurch auszeichnen, dass sie nicht reklamationsanfällig sind. Wir erleben BORA als sehr zuverlässig und als sehr weit vorne. Dadurch, dass sie als Erste das Thema auf den Markt brachten, haben sie sich einen deutlich wahrnehmbaren Vorsprung erarbeitet. Auch wenn sich der Markt neu sortieren wird, werden sie mit Sicherheit weiter zu den innovativsten Herstellern gehören."

Dieter Frey von Frey Küchenzentrum-Innenausbau in Kandel

Vorteil 3: Vorsprung

Um die bessere Technik zu haben, bedarf es Innovationen. Und mit diesen muss man schneller sein als der Markt. Die Fähigkeit, kurze Entwicklungszeiten und damit kurze Innovationszyklen zu erreichen, wird deshalb bei BORA als essenzielle Voraussetzung betrachtet, um weiter wettbewerbsfähig zu bleiben.

Die Geschichte von BORA beweist, dass durch eine visionäre Führung ein Umfeld geschaffen werden kann, in dem die Mitarbeiter kreativ arbeiten können und erfolgreiche Innovationen auch belohnt werden.

„Der Ursprung, die Idee unseres Unternehmens ist das Hinterfragen, das Träumen, das Ändern von Verhaltensweisen. Nicht um des Anders-sein-Wollens, sondern um den Kunden bessere und attraktivere Lösungen anzubieten."

Willi Bruckbauer

Doch dafür sind Rahmenbedingungen notwendig, die Kreativität nicht nur zulassen, sondern sie ausdrücklich und gezielt fördern. Das heißt einerseits, dass stets genügend Ressourcen, Manpower und Platz für Innovation vorhanden sind. Deshalb hat BORA die Zahl der Entwicklungsingenieure innerhalb eines Jahres verdoppelt und in ein ganz neues Entwicklungs- und Versuchszentrum investiert. Um die Innovationskraft zu steigern, arbeitet BORA außerdem eng mit Entwicklungspartnern, Zulieferern und Instituten zusammen und wird diese Kooperationen weiter intensivieren. Das Unternehmen setzt dabei auf interdisziplinäres Arbeiten in Projektteams, die von der Idee bis zur Markteinführung an den Produkten arbeiten.

Das BORA Team hat eine gemeinsame Vision: So wie andere Menschen vor mehr als 100 Jahren vom Fliegen geträumt haben, will das Unternehmen die Küche endgültig von der Dunstabzugshaube befreien. So ist BORA mittlerweile zum Synonym für den innovativen Kochfeldabzug geworden.

Versuchszentrum

Das Team rund um Forschung und Entwicklung braucht genügend Platz, um neue Konzepte auszuprobieren und Innovationen zu testen. BORA baut deshalb im österreichischen Niederndorf ein Versuchstechnikzentrum. Dort sollen in Zukunft auf einer Nutzfläche von 800 Quadratmetern neue Möglichkeiten für den Bau von Prototypen und Produktmustern sowie für die Prüfung und Erprobung der Prototypen geschaffen werden. Ob es um die Luftleistung, den Druckwiderstand oder die Energieeffizienz geht, alle Komponenten werden frühzeitig intensiv getestet. Künftig wird die Versuchstechnik noch erweitert. Testschwerpunkte werden dabei sein: Geräusche, Klima, mechanische Festigkeit, Filtermesstechnik und die elektronische Messtechnik.

Bei BORA gehen aus verschiedenen Maßnahmen Impulse für Innovationen ein, angefangen beim Feedback von Kunden, der „Lead User Methode“. Lead User sind hauptsächlich private Endkunden und firmennahe Nutzer, die Bedürfnisse und Anforderungen erkennen und ihre Rückmeldungen und Erkenntnisse an BORA melden. Das kann so weit gehen, dass der Endnutzer bereits im Eigenbau Innovationen umgesetzt hat.

Natürlich gibt es auch intern einen BORA Verbesserungsprozess (BVP), eine Sammlung der Ideen aller Mitarbeitern, die allen zugänglich ist. Auch die Rückmeldungen von Kunden werden dort vermerkt. So können sich Mitarbeiter, die sich mit demselben Thema befassen, austauschen und gemeinsam an Lösungen arbeiten. Ergänzend gibt es zu den großen Innovationsthemen Workshops, an denen alle Mitarbeiter teilnehmen, deren Fachwissen nötig ist, um die Neuerung ganzheitlich zu beleuchten.

In der Vorentwicklungsphase neuer Produkte ist Scheitern bei BORA explizit erlaubt! Keinesfalls sollen Strukturen und Prozesshierarchien den Elan und die Begeisterung stören. Die Mitarbeiter können im Versuchslabor Prototypen bauen und Techniken schnell und direkt ausprobieren.

Und zu guter Letzt ist es die gemeinsame Zeit beim Sport oder beim gemeinschaftlichen Essen, aus der Ideen entstehen – und eine Unternehmenskultur, die Mitarbeiter in ihrer Motivation bestärkt.

Ergeben sich aus dem Pool der Ideen und Versuche konkrete und überzeugende Produkte, werden diese zum Patent angemeldet.

Patentierte Innovation

Schon 2007 wurde die Professional-Abzugsvorrichtung mit Abluftflachkanal patentiert, als Ausführungsform zur Verbesserung der laminaren Luftführung und der gerundeten Gehäuseform im Bereich des Fettfilters. Die verwirbelungsfreie und laminare Luftführung durch die BORA Verschlusskappe gehören ebenso zur Schutzschrift. Auch für BORA Basic gibt es seit 2013 mehrere Schutzrechte und bereits zwei erteilte Patente. Insbesondere sichert dies die spezielle ausgeführte Luftführung und die sequenzielle Anordnung der zwei Lüfter mit dem dadurch einhergehenden Vorteil einer geringeren Bauhöhe, verbunden mit der zentralen Öffnung des Kochfeldabzugs in der Mitte des Kompaktgerätes.

Derzeit hat BORA zahlreiche Patente im Prüfungsverfahren und eine Vielzahl an eingereichten Neuanmeldungen und internationalen anhängigen Schutzrechten. Auch Designschutz, Markenschutz und Geschmacksmuster sind dabei wesentliche Bestandteile des Schutzrechtportfolios. Die neuen Ideen sollen auch ausschließlich in den eigenen Produkten zu finden sein.

BORA Professional - Mindestmaße und Einbaumöglichkeiten bei

BORA
BORA
we are
the cooking
revolution
www.bora.com
RO BO 8080

Vorteil 4: Partnerservice

Service heißt für BORA: Stets Fehler vermeiden und sich immer weiter zu verbessern, um den Küchenplaner in seinem Verkaufsalltag optimal zu unterstützen. Ganz gleich, ob es dabei um die schnelle und reibungslose Abwicklung von Aufträgen, Reparaturen oder Fragen rund um die Wartung, um Energielabel oder Garantiezeiten geht.

Planungsservice

Das Serviceverständnis beginnt bereits, bevor die Küche und damit der Kochfeldabzug verkauft sind. Hierzu gehört ein Planungsservice, der innerhalb von 48 Stunden Lösungen für die Partner bereithält. Ein ausführliches Planungshandbuch, die „Lüftungsfibel", gibt es als gedruckte und digitale Version. Verschiedene Möglichkeiten stehen dem Küchenplaner zur Verfügung, um sich selbst schnell helfen zu können und alle wichtigen Informationen parat zu haben: Im BORA partner net finden sich diverse Musterplanungen und Beispiele, für Umluft wie Abluft und für alle Varianten der Kanalführung, ob an der Kellerdecke, im Bodenaufbau oder in der Sockelblende.

Training

Seit 2010 bietet BORA spezielle Trainings für Händler an, anfangs noch im kleinen Rahmen. Im Jahr 2010 besuchten gerade einmal 42 Teilnehmer ein solches Training. Bis heute hat sich die Zahl der Teilnehmer verhundertfacht! In einem eigens dafür errichteten Trainingsgebäude in Raubling mit drei Trainingsräumen verfügt das Unternehmen jetzt über genügend Kapazität, seine Partner umfassend weiterzubilden und ihre Kompetenzen noch weiter zu verbessern.

Auch Schulung und Weiterbildung gehören zum Produkt und müssen ebenso laufend hinterfragt, erweitert und optimiert werden.

BORA on tour

Speziell für Monteure hat BORA ein mobiles Konzept entwickelt. Montagetrainer und alle für das Training nötigen Materialien kommen zum Handelspartner und trainieren die Monteure vor Ort in seinen Räumlichkeiten

Durch den großangelegten Ausbau der Trainingsmaßnahmen hat sich sehr schnell gezeigt, dass sich dieses Engagement auszahlt und von dieser Kompetenzverstärkung beide Seiten, Unternehmen wie Handel, profitieren. Zum einen steigen die Verkaufszahlen der Fachhändler nach diesen Trainings signifikant, zum anderen geht die Zahl von Planungs- und Montagefehlern deutlich zurück.

Bei den Schulungen geht es um die junge Unternehmensgeschichte und die Produktpalette von BORA, um Planungshinweise, die sieben Vorteile für den Endkunden und der sich daraus abzuleitende Nutzen für den Händler. Natürlich gehört hierzu auch das Live-Kochen am Abend, das die Produkte für den Handelspartner mit allen fünf Sinnen spürbar und erlebbar macht. Die Montagetrainings finden nicht nur in Raubling statt, es gibt zusätzlich ein „mobiles" Angebot vor Ort bei den Händlern.

„Es war ein großes Vergnügen, von euch geschult zu werden, da ein unglaublicher Team-Spirit in euren Räumlichkeiten spürbar ist. Ich war ja bereits vorher sehr begeistert von BORA, aber jetzt, nach diesen zwei Tagen, bin ich enthusiastisch!"

Olaf Pioch, am 11.05.2017 in Raubling nach einem Systemtraining küma GmbH, Der Küchenmeister, in Wolfsburg

Sehr wertvoll ist auch die enge Zusammenarbeit mit allen namhaften Küchenmöbelherstellern. Sie treffen sich einmal jährlich in Raubling, werden über sämtliche Neuheiten bei BORA umfassend unterrichtet und instruiert, worauf beim Anfertigen des passenden Küchenmöbels zu achten ist. Damit wird das Bestellen des entsprechenden Mobiliars – um welche BORA Produktlinie es sich auch handelt – für den Küchenplaner vereinfacht. Aufträge lassen sich so schneller bearbeiten und Kosten aufgrund fehlerhafter Bestellung vermeiden.

kitchen (im)possible

Laufend wird auch hier an neuen und kreativen Konzeptideen gearbeitet. Dazu gehört zum Beispiel ganz aktuell der „BORA Ladies Club: erfolgreich als Frau in einer Männerdomäne", so der Arbeitstitel. Die Küchenbranche und speziell der Küchenverkauf sind noch mehrheitlich von Männern besetzt. Das Training im „BORA Ladies Club" konzentriert sich deshalb auf Frauen im Küchenverkauf. Frauen und damit die HandelspartnerINNEN von BORA führen, denken, kommunizieren und (ver)kaufen anders als Männer. Sowohl die (Ver)kaufkraft als auch das Einflusspotenzial der Frauen werden weiter massiv unterschätzt.

Damit ist BORA das erste Unternehmen in der Küchengerätebranche, das eine exklusive Veranstaltung für Frauen anbietet.

Technischer Service

Seit 2015 wird der Kundendienst in Deutschland durch BORA selbst organisiert, um die Qualität weiter auszubauen und die Handelspartner noch besser unterstützen zu können. 23 Mitarbeiter stehen dafür im Innendienst und weitere neun eigene Servicetechniker im Außendienst zur Verfügung. Die Zieldefinition ist dabei immer: alle Servicefälle direkt beim ersten Termin beheben. Die „Heilungsrate" ist hoch: Probleme oder Defekte vermag das Serviceteam in über 95 Prozent der Fälle bereits beim ersten Termin zu beseitigen. Dies trägt zu einer hohen Kundenzufriedenheit bei und führt zu Kunden, die nicht nur das Produkt weiter empfehlen, sondern vor allem auch den Küchenplaner, der ihnen das Produkt verkauft hat.

„Hallo liebes BORA Team,
meine Frau und ich möchten uns ganz herzlich bedanken, für den Service und die gesamte Abwicklung. Man schreibt schnell, wenn mal was nicht gut läuft, aber selten schreibt man, wenn was richtig gut läuft. Wir sind schwer begeistert von BORA, es ist ein tolles System in absoluter Premiumklasse. Nochmals vielen Dank und weiterhin viel Erfolg für Sie. Bleiben Sie gesund."

Sven Hagedorn, Nottuln

Vorteil 5: Businessmodell

Jeder Küchenverkäufer kennt dieses Szenario und hat es schon mehr als einmal erlebt: Er erarbeitet mit dem Kunden eine schöne Lösung, investiert viel Zeit in die Beratung, in Planung und Ausarbeitung des Angebots, und irgendwann kommt der Zeitpunkt, den Kunden zur Unterschrift zu bringen. Der Kunde ist auch zufrieden mit der Planung, den Materialien, den Küchenmöbeln und bestätigt das alles genauso, wie vereinbart, und dann kommt dieser Satz: „Gerne bestätige ich Ihnen das Angebot und erteile den Auftrag, aber kann ich mir die Geräte nicht auch im Internet besorgen, weil ...?“

Eine bittere, aber nicht seltene Erfahrung. Denn für den Küchenverkäufer bedeutet dies eine spürbare Minderung der Marge.

Der Vertrieb von BORA erfolgt ausschließlich über den Fachhandel, also über die autorisierten Handelspartner. Jeder, der im Küchenverkauf arbeitet, Zeit in die eigene Weiterbildung und persönliche Beratung des Kunden investiert, soll am Ende auch am Erfolg beteiligt werden. Schließlich handelt es sich um hochwertige Produkte, die von Fachleuten empfohlen, richtig geplant und sauber montiert werden sollen. Deshalb gibt es auch exakte Distributionsrichtlinien für die Handelspartner.

Das BORA Preissystem ist transparent, leistungsorientiert und in vollem Umfang netto.

Damit ist BORA auch betriebswirtschaftlich ein verlässlicher und attraktiver Partner. Die Kunden bekommen nicht nur bessere Luft in der Küche und der Verkäufer ein besseres Image. Für Letzteren lässt sich damit auch ganz konkret Geld verdienen!

BORA weist – anders als viele Mitbewerber – für seine Händler alle Preise in netto aus, also ohne die gesetzliche Mehrwertsteuer des jeweiligen Landes. Auch das Konditions- und Leistungssystem ist auf ehrlicher Netto-Netto-Basis berechnet. Der Preis ist stabil. Die Marge für den Handelspartner bezieht sich folglich auf den Einkaufspreis vor Mehrwertsteuer. Das bietet dem Fachhandel sichere und planbare Margen.

„Wenn ich den Markt aus meiner langjährigen Erfahrung heraus beobachte, habe ich das sichere Gefühl, dass BORA und seinen Handelspartnern noch eine gute und lange Zukunft bevorsteht.“

Hans-Peter Höschele von La Cuisine in Sinsheim

Auf der Ordermesse Area 30 -
September 2017

Vorteil 6: Aktive Vorvermarktung

Das Ziel von BORA ist es, den interessierten Endkunden in die Geschäfte der BORA Handelspartner „zu schicken“, sodass die Handelspartner möglichst viele vorinformierte Kunden in ihren Geschäften begrüßen können. Es erleichtert die Beratung und den Verkauf, wenn Kunden aktiv und wahrnehmbar nach BORA und den BORA Produkten nachfragen. Deshalb wird Marketing großgeschrieben. Es kurbelt die Nachfrage an, weckt Sympathie und erhöht die Markenbekanntheit.

Getreu dem Motto „Attraktiver und anders als alle anderen“ unternimmt BORA eine Menge, um mit starken, unverwechselbaren Auftritten auch beim Endkunden auf sich aufmerksam zu machen. So ist das Unternehmen heute mit einer 360-Grad-Marketingkommunikation im Markt sehr präsent. Das Unternehmen verschickt nicht nur ganz klassisch Broschüren und Produktunterlagen, um verschiedene Zielgruppen und Menschen für unterschiedliche BORA Lösungen zu begeistern. Die Marke ist ebenso im Fernsehen und den digitalen Medien vertreten und sorgt nicht zuletzt durch ein gezieltes Sportsponsoring und spektakuläre Aktionen für Publicity, wie die BORA Revolution Tour, die auch dem Handelspartner zugute kommt.

Allein 2016 tauchte der Name des Unternehmens in 3.000 Werbeeinblendungen auf 20 Sendern in 54 Ländern auf. 2017 waren es über 8.000 TV-Spots in 66 Ländern. Damit erzielte es mehr als eine Milliarde Kontakte, knapp die Hälfte davon in Deutschland. Nahezu 9 Prozent der Bundesbürger geben auf die Frage „Welche Hersteller von Dunstabzügen kennen Sie?“ „BORA“ an (ungestützte Befragung). 24 Prozent der Bundesbürger geben auf die Frage „Welche Produkte stellt BORA her?“ „Dunstabzüge“ an (gestützte Befragung). Tendenz weiter steigend. Diese Strategie funktioniert und macht die Marke immer bekannter. Fast 100.000 Menschen besuchen pro Monat die Website des Unternehmens. Jeden Monat werden mehr als 2600 Kataloge bestellt.

Die Händler wiederum können von den Vermarktungs-Aktivitäten von BORA profitieren und einfach direkt auf ihre eigene Händlerwebsite verlinken.

In 4 Schritten zur eigenen Website-Verlinkung

1. Login unter www.partner.bora.com
2. Unter „Marketing“ BORA Logo abrufen
3. Logo auf die eigene Website stellen
4. Hyperlink www.bora.com ins Logo einpflegen

„Vielen Dank für Ihren Einsatz in unserer Branche. Das hat bisher kein Hersteller geschafft. Sie sind in der Top 5 der meisten Suchanfragen auf unserer Website. Weiter so und viel Erfolg.“

Mario Daniel von Daniel Küchen & Wohndesign in Potsdam

Diese Maßnahmen sind für den Händler am Point of Sale spürbar. Ein Kunde, der sich aufgrund einer Werbung oder eines TV-Spots zuerst im Internet auf die Suche nach BORA macht, um das System in seiner Nähe beim Handelspartner zu sehen, hat Kaufinteresse. Wird der Kunde dann im Geschäft durch einen kompetenten und geschulten Handelspartner über das Produkt informiert und ihm das Produkt entsprechend präsentiert, wird er sich auch die gesamte Küche von diesem Verkäufer planen und anbieten lassen.

Die BORA Revolution Tour

Zu den aktuell spektakulärsten „Publicity"-Aktionen gehört mit Sicherheit der gläserne BORA Cooking Truck, der die „Revolution in der Küche" auf die Straße und in die Luft bringt. Der aufwendig umgebaute Lkw mit aufgesetztem Glaskubus ist Küche – ausgestattet mit allen drei BORA Systemen –, Speisezimmer und Event-Location in einem. Der 19 Meter lange 40-Tonner ist international in ausgesuchten Großstädten Europas unterwegs. Es wird ein spektakulärer Ort gesucht, zum Beispiel der Hafen in Palma de Mallorca, das Brüsseler Atomium, der Hafen in Hamburg, der Wiener Prater oder die Münchner Theresienwiese, und dann geht es ab nach oben. Dort lässt der Truck seine Besucher mittels Krantechnik 30 Meter in die Höhe schweben. Schnell bildet sich um den Kran eine volksfestartige Stimmung, Kameras werden gezückt und Selfies geschossen. Die Technik ist vollkommen sicher. Kran und Kubus werden vor jeder Veranstaltung vom Unternehmen Dekra abgenommen.

Mit „BORA in the Air" werden die Kochvorführungen noch beeindruckender und zu einem Erlebnis, das kein Teilnehmer je vergisst. Diese Tour bietet die Möglichkeit, unterschiedliche Zielgruppen wie Handelspartner, Endkunden, Architekten anzusprechen– auch die lokale Presse und das Fernsehen können zu dieser Veranstaltung eingeladen werden.

Die aktuellen Tourdaten sind im BORA PartnerNet zu finden.

„Ich bin als große Skeptikerin gekommen – und fahre nach Hause als Fan. Ich gehe so weit, dass ich sage ‚mein nächster Kauf wird ein BORA Professional sein'."

Anne Job von 1-2-3 Küchen in Potsdam/Bornim

Live Cooking

Ein weiteres wichtiges Event Tool für Handelspartner ist das BORA Live Cooking. Kunden, die sich im Entscheidungsprozess befinden, kann man kaum eine bessere Möglichkeit bieten, die drei BORA Produktlinien kennenzulernen. Die Live Cooking Events sind Infotainment für Kopf und Bauch mit einem einfachen Erfolgskonzept. BORA Köche bereiten mit den BORA Systemen vor den Augen der Kunden Kostproben zu. Das BORA Live Cooking trägt dazu bei, Endkunden mit allen Sinnen zu beeindrucken und sie dabei davon zu überzeugen, dass ganzheitliche Lösungen mehr Freiheit und mehr Genusserlebnisse in die moderne Küche bringen.

„Der Kochabend hat meine Skepsis einfach ‚weggesaugt'."

Patrick Lenz von 1-2-3 Küchen in Potsdam/Bornim

Unter Leitung des BORA Kochs Armin Alexander Auer wurde die BORA Cook Academy gegründet. Mit dem Ziel, Köche für ein qualitativ hochwertiges und professionelles Live Cooking auszubilden und ein Netzwerk an Köchen aufzubauen, welches dem Handelspartner eine optimale Produktpräsentation für seine Veranstaltungen sicherstellt. Von der Präsentation der Produktpalette biz zur Umsetzung in der Praxis mit Tipps und Tricks für Hobbyköche können die BORA Köche alle Fragen des anspruchsvollen Kunden beantworten.

Überzeugendes Rezept: das 10 | 10 Konzept

Laut TOMORROW FOCUS Social Media Trends ist 92,2 Prozent der Deutschen gutes Essen wichtig. 80,6 Prozent der Befragten kochen darüber hinaus gerne selbst.

Kochen, Essen und Genießen mit der Familie und Freunden bedeutet für die meisten Menschen ein hohes Stück Lebensqualität. Dabei spielt auch gesunde Ernährung eine wichtige Rolle. Gerade in den letzten Jahren ist hier ein bedeutsamer Markt mit hohem Aufmerksamkeitspotenzial entstanden.

BORA befasst sich intensiv mit der perfekten Küche und dem modernen Kochen. Natürlich steht auch Gründer Willi Bruckbauer gerne selbst am Herd: „Um gut zu kochen, braucht man weder ein Wahnsinnsrezept noch exotische Zutaten. Wichtiger sind Aufmerksamkeit und Konzentration. Schon ist man einen Schritt aus dem Alltag raus und entspannt sich.“

Möglich macht dies auch das ungewöhnliche 10 | 10 Konzept von BORA: 10 ganz besondere Rezepte für jeweils vier Personen sind in 10 Minuten Vorbereitungszeit und 10 Minuten Kochzeit fertig auf dem Teller. 10 | 10 war die Optimierung

der Idee, in kurzer Zeit mit wenigen Zutaten ein maximales Geschmacks- und Genusserlebnis zu erzielen. Basis ist der Ernährungsplan des BORA Radrennprofis, also kein Industriezucker, kein Weizenmehl, aber gesund und lecker. Jedes 10 | 10 Rezept, zu finden auf der Firmenwebsite, hat das Zeug zum Lieblingsgericht jeder Gästerunde und ist auch für Kocheinsteiger und Eilige machbar.

„Was gibt es Schöneres nach einem erfolgreichen Tag, als abends in der Küche bei einem schönen Glas Wein aus guten, frischen Zutaten eine Mahlzeit für sich und seine Freunde zuzubereiten!“

Willi Bruckbauer

Mittlerweile gibt es zehn unterschiedliche 10 | 10 Editionen u. a. eine sportliche Variante mit Rezepten der von BORA gesponserten Radrennprofis und die 10 | 10 Edition von Andreas Senn, Sternekoch aus Österreich, ausgezeichnet mit zwei Michelin-Sternen sowie drei Hauben von Gault Millau. Einige appetitanregende Beispiele dazu finden Sie im Anhang – zum Ausprobieren, Genießen und Weiterempfehlen.

Im übrigen sind die 10 | 10 Rezepte Basis für alle Kochevents bei BORA. Ob auf Messen, Radsportevents, im Training, bei Live Cookings oder im Rahmen der BORA Revolution Tour.

Vorteil 7: Glaubwürdigkeit

BORA ist anders: Das beginnt mit seinem Inhaber Willi Bruckbauer. Der Schreiner, Erfinder, Händler, Eigentümer und Küchenspezialist hat gemeinsam mit seinem Team ein Produkt entwickelt, das sowohl für seine Partner als auch für den Kunden einen deutlichen Mehrwert bietet.

„Do one thing, but do it well.“

Benjamin Franklin

BORA setzt auf Konzentration und ist damit das einzige Unternehmen weltweit, das sich ausschließlich und konsequent auf die Entwicklung und den Verkauf von Kochfeldabzugssystemen spezialisiert hat. Ein Original, das sich in einer Nische etabliert und einen neuen Markt geschaffen hat. Diese Glaubwürdigkeit hängt eng mit der Herkunft und den gelebten Unternehmenswerten zusammen, die die Unternehmenskultur, die Markenführung und die Kommunikation mit den Partnern prägen.

BORA im Gespräch mit Andreas Senn

Andreas Senn steht für die innovative und leichte Küche. Der Tiroler Koch des Jahres 2016, ausgezeichnet mit zwei Michelin-Sternen und drei Hauben im Gault Millau 2017, kocht im Salzburger Gusswerk unter dem eigenen Namen „Senns Restaurant". Das Konzept des Restaurants ist die leichte, innovative Küche im besonderen Ambiente des Gusswerks mit BORA Professional an seiner Seite.

Was ist Ihnen in einer Küche besonders wichtig – aus privater Sicht, aber mit der Erfahrung des Profikochs?

In dieser Reihenfolge: Funktionalität, Design, Spaß.

Reden Köche untereinander über ihre Küchengeräte so wie Rennfahrer über ihre Autos?

Köche reden allgemein gerne über die neuesten Trends. Dabei geht es über die neueste Technik genauso wie über hochwertige oder besondere Lebensmittel.

Wie wichtig ist die Ausstattung einer Küche, könnten Sie überall kochen?

Eine professionelle Ausstattung ist das A und O. So macht es am meisten Spaß und ich kann mich voll und ganz auf das Kochen und Zubereiten konzentrieren. Es macht aber natürlich auch Spaß, mal am offenen Feuer zu grillen.

Wann haben Sie BORA Professional für sich entdeckt? Welche Erfahrungen haben Sie damit gemacht?

Ich verwende BORA Professional privat und bin von der einzigartigen Technik begeistert. Bei der Hausplanung war für mich von Anfang an klar, dass wir keine störende Abzugshaube montieren werden.

Verändert BORA das Kochen? Und wenn ja, wie?

Mit BORA zu kochen macht Spaß und inspiriert die Menschen dazu, sich selbst an den Herd zu stellen und zu kochen.

Willi Bruckbauer und Sie haben viele Gemeinsamkeiten, unter anderem sind Sie beide begeisterte Rennradfahrer. Welche weiteren Gemeinsamkeiten gibt es mit BORA Gründer Willi Bruckbauer?

Die Liebe zum Detail, eine gesunde Lebensweise und die Vorbildfunktion, die wir für unsere Mitarbeiter haben, sind weitere Gemeinsamkeiten. Unser Leitspruch „Wer nie die ausgetrampelten Pfade verlässt, kommt nur dort an, wo andere schon waren" trifft auch auf Willi Bruckbauer zu.

„Senn meets Bora" ist das Ergebnis einer überaus erfolgreichen Zusammenarbeit. Welche Früchte hat Ihre Partnerschaft bisher getragen?

Es melden sich sehr viele Leute und bedanken sich für die 10 | 10 Rezepte – sie freuen sich bereits auf eine Fortsetzung. Sie sind begeistert davon, in nur 10 Minuten etwas Gutes und Gesundes kochen zu können.

Ihr persönliches Lieblingsrezept unter den 10 | 10?

Thailändischer Rindfleischsalat.

In Kürze

Sieben BORA Vorteile für die Handelspartner

Vorteil System:

Mit drei verschiedenen Produktlinien wird eine breite Zielgruppe angesprochen. Alle Elemente bauen aufeinander auf und sind individuell kombinierbar. Mit einem System von A wie Abzug bis Z wie Ziegelstein bietet BORA die komplette Systemlösung für Planer, Verkäufer und Kunde.

Vorteil Funktion:

Bei Verwendung der BORA Systemprodukte gibt es die volle Funktionsgarantie. Denn alle Komponenten sind vielfach getestet und sorgfältig geprüft. Außerdem haben sie sich mittlerweile tausendfach im Praxisbetrieb bewährt.

Vorteil Vorsprung:

Über 70 Patente sind Garant für die perfekte Abzugslösung. Hohe Innovationskraft durch die Konzentration auf den Kochfeldabzug. Durch die Verdoppelung unseres Forschungs- und Entwicklungsteams und die Strategie „Every Year One New System“ bietet BORA Verlässlichkeit auf Dauer.

Vorteil Partnerservice:

Planungsservice, die „Lüftungsfibel“ als gedruckte und digitale Version. Training zu Verkauf und Montage vor Ort und in Raubling sowie eine technische Serviceabteilung mit einer „Heilungsrate“ von über 95 Prozent beim ersten Termin unterstützen aktiv die Handelspartner.

Vorteil Businessmodell:

Mit BORA lässt sich Geld verdienen – ein Konditionssystem für alle, stabile Preise, ein klar strukturiertes, internationales Distributionskonzept. Vertrieb ausschließlich über den authorisierten Fachhandel!

Vorteil aktive Vorvermarktung:

BORA bietet Nachfragesicherheit durch die aktive Vorvermarktung. Starke Präsenz in den öffentlichen Medien durch Werbung und Sponsoring, umfangreiches Informationsmaterial für die Endkunden und spektakuläre Aktionen kommen auch den Handelspartnern direkt zugute.

Vorteil Glaubwürdigkeit:

BORA wurde aus der Praxis für die Praxis entwickelt. Die Marke ist inhabergeführt und das einzige Unternehmen weltweit, das sich ausschließlich auf die Entwicklung und den Verkauf von Kochfeldabzugssystemen spezialisiert hat. BORA ist Synonym für Kochfeldabzug!

BORA
cooking systems

SO VERKAUFEN SIE UND NICHT DER WETTBEWERB 3

CHILI
PAPRIKA

So verkaufen Sie und nicht der Wettbewerb

„Was hat Sie schon immer an Dunstabzugshauben gestört?"

Wenn Händler ihren Kunden diese Frage stellen, hören sie oft die gleichen Geschichten. Küchenplanung ist aber mehr als Problemlösung. Es geht wesentlich auch um einen emotionalen Gewinn für den Kunden. Denn die Küche ist ein Bereich, der glücklich machen soll – und bei richtiger Ausstattung auch kann! Kochen ist ein sinnliches Erlebnis, denn wir fühlen, riechen, sehen, hören, schmecken die Lebensmittel, die Zubereitung, das Ergebnis. Hier entstehen Träume – und werden in schmackhaften Resultaten Wirklichkeit. Die Küche wird wieder zu einem Erlebnisraum, unabhängig davon, ob hier mit Freunden, dem Partner oder auch ganz allein hantiert wird.

Sieben Vorteile für Endkunden – und gute Argumente für den Verkauf

Jeder gute Verkäufer weiß, wie wichtig die verborgenen, teils unbewussten Kundenwünsche sind. Er wird seinem Kunden eine maßgeschneiderte und hochwertige Lösung bieten, sodass dieser mit seiner Küche nicht nur zufrieden, sondern glücklich ist. Doch sein volles Beratungspotenzial kann der Verkäufer nur ausschöpfen, wenn er Ressourcen und Möglichkeiten zur Hand hat, auf die er zuverlässig zurückgreifen kann – und wenn ihm Produkte zur Verfügung stehen, die ihn und den Kunden vollauf zufriedenstellen. Und er braucht schlüssige Argumente für seine Empfehlungen, die den Kunden überzeugen und begeistern. In dieser Hinsicht sprechen viele gute Gründe für BORA!

So gibt es nicht nur sieben handfeste Vorteile für den Handelspartner, sondern auch sieben Vorteile für den Endkunden, die Gewicht im Verkaufsgespräch haben. Damit es am Ende – für Verkäufer wie Kunde – zu einem gemeinsamen Ergebnis kommt!

So kochte man früher.

So kocht man heute.

Vorteil 1: Frische Luft – kochen in der Komfortzone

Kleidung und Haare riechen nicht nach Kochdünsten, der Kunde kocht in frischer Luft. Denn ganz klar: Je weiter Geruchs- und Fettpartikel nach oben steigen und sich im Raum verteilen können, bevor sie abgesaugt werden, desto stärker lagern sie sich als geruchsintensiver, unsichtbarer Film auf Kleidung und Haaren ab. Sie durchdringen Textilien und gelangen auf Möbeloberflächen, von denen sie später nur schwer zu entfernen sind. Mit dem BORA Kochfeldabzug lässt sich dies vermeiden: Beim Kochen freigesetzte Fett- und Geruchspartikel verteilen sich dann nicht mehr im Raum, sie werden einfach in einem Edelstahl-Fettfilter eingeschlossen. Das ist auch dem Laien sofort verständlich.

Vorteil 2: Freie Sicht – nichts stört das Blickfeld

Keine Dunstabzugshaube im Blick – denn mit BORA gehört dieser optische wie akustische Störfaktor mit Kanten und Ecken in Kopfhöhe, an denen man sich stoßen kann, der Vergangenheit an. Kein Dampf stört das Blickfeld, die Sicht auf Töpfe, Pfanne und Grill ist frei. Der Kunde kann entspannt am Herd stehen, ohne sich unter die Abzugshaube bücken zu müssen. Besonders bei den immer beliebteren offenen Küchen ist der Herd kreatives Zentrum, jetzt stehen Köchinnen und Köche nicht mehr im Abseits, sondern können sich am Geschehen beteiligen. Ein weiteres vorteilhaftes Argument für den Küchenplaner: Der Kochbereich lässt sich auch mit Ausblick aus dem Fenster oder vor raumhohen Fensterfassaden planen.

Vorteil 3: Ruhe – deutlich leiser als herkömmliche Dunstabzugshauben

Lärm bedeutet immer Stress. In vielen Alltagssituationen können wir ihm nicht entgehen, Lärm belastet und strengt an. Warum will man sich dann ausgerechnet in den eigenen vier Wänden freiwillig dem Dauergeräusch einer Dunstabzugshaube aussetzen, noch dazu in Kopfhöhe, direkt neben dem Ohr, wenn es doch eine überzeugende Alternative gibt?

BORA Abzugssysteme erzeugen selbst auf höchster Stufe einen Schallpegel, der leiser ist als das Anbraten eines Steaks. Möglich macht es eine raffinierte Technik mit leise laufenden Motoren, die nicht neben den Ohren des Kochs verbaut sind, sondern im Unterschrank. Mit dem integrierten Schalldämpfer wird das Geräusch noch weiter gedämmt. Ungestörte Unterhaltungen oder Musikhören beim Kochen sind dadurch problemlos möglich. So wird Kochen nach einem anstrengenden Tag zu dem, was es sein soll: Entschleunigung pur.

Vorteil 4: Leichte Reinigung

Die Reinigung von Dunstabzugshauben ist ein Problem ganz eigener Art: aufwendig, zeitraubend, ergonomisch ungünstig und oftmals nur mit Hilfsmitteln wie etwa einer Trittleiter umzusetzen. Dazu ist das Ergebnis oft unbefriedigend, und so werden in manchen Haushalten die Fettfilter wenig bis gar nicht mehr gereinigt. Dort hängen dann der Speckdunst vom Frühstück und der Fischgeruch vom Mittagessen über Tage, Wochen und Monate. Werden die Fettfilter in Abzugssystemen nicht regelmäßig gereinigt, ist das harzige Fett nur noch schwer zu entfernen. Die Kochdünste die nach oben gelangen können, werden jetzt erst recht nicht mehr vom Fettfilter aufgenommen, weil dieser bereits voll ist.

BORA Systeme dagegen lassen sich im Alltag einfach reinigen und warten. Alle beweglichen Teile können kinderleicht und ohne Werkzeug bequem auf Arbeitshöhe per Hand ausgebaut und in der Geschirrspülmaschine gereinigt werden und sind dann fertig zum Wiedereinsetzen. Und alles, was leicht ist und schnell von der Hand geht, wird bekanntlich auch erledigt.

Vorteil 5: Effektivität durch kurze Wege

Herkömmliche Dunstabzugshauben arbeiten mit hohem Aufwand für ein verhältnismäßig bescheidenes Ergebnis. Dampf und Gerüche müssen einen weiten Weg zurücklegen, bis sie eingefangen werden. Dabei wird meist nicht der gesamte Dampf abgesaugt, gut die Hälfte bleibt in der Raumluft und wird durch natürliche Querströmungen in andere Richtungen verteilt.

BORA Kochfeldabzüge sind hingegen effizient, sie fangen auf kurzem Weg den entstehenden Kochdunst komplett ein. Die durchdacht eingesetzte Strömungsgeschwindigkeit saugt den Dunst direkt an seinem Entstehungsort ab, sodass er sich erst gar nicht in der Raumluft verteilen kann. Auch bei hohen Töpfen lässt sich der Dampf in die richtige Richtung leiten, sodass er problemlos abgesaugt werden kann. Der richtig platzierte Topfdeckel dient dabei wie ein zusätzlicher 90°-Bogen, der den Dampf in die richtige Richtung lenkt.

Die Effektivität lässt sich mit einem einfachen Beispiel verdeutlichen: Bohrmaschinenhersteller bieten moderne Geräte gleich mit Absaugvorrichtungen an. Dieses Prinzip gilt auch für die Kochfeldabzüge. Denn es ist eben am besten, Bohrstaub bzw. Kochdünste gleich an der Quelle abzusaugen.

Vorteil 6: Beste Materialien für Funktionalität und langes Leben

Für die Hochwertigkeit eines Produkts spielen Materialien und Verarbeitung die entscheidende Rolle. Sie müssen hohe Funktionalität und eine lange Lebensdauer gewährleisten, damit das Produkt robust und belastbar ist. Nur so lässt sich das Vertrauen des Kunden gewinnen und erhalten.

Echte und hochwertige Materialien geben Sicherheit und sind ihren Preis wert. Deshalb werden alle metallischen Einzelteile der BORA Kochfeldabzüge aus reinem Edelstahl gefertigt. Sie sind ansprechend in Optik, Haptik und Design und lassen sich zudem beliebig oft in der Spülmaschine reinigen. Das sieht und fühlt der Kunde.

Vorteil 7: Planungsfreiheit – der Maßstab neuer Küchenarchitektur

Neben den vielen praktischen Vorteilen – wie frische Luft, leichte Reinigung, freie Sicht und Ruhe – sind es die völlig neuen Möglichkeiten der Küchenplanung, mit denen BORA überzeugt: Kücheninseln mit Freiraum über dem Kochfeld ohne störende Haube, Kochen vor dem Fenster und unter Dachschrägen, mehr Raum für zusätzliche Hängeschränke in kleineren Küchen, Platz für wohnliche Raumbeleuchtung, schnörkelloser Funktionalismus. Und dank kompakter Maße hat man sogar noch viel Platz in den Unterschränken. Planer können somit Kundenwünsche kreativer umsetzen und sich dadurch von ihren Mitbewerbern abheben.

„BORA nimmt sich von Optik und Design so sehr zurück. Der erste Blick, wenn ich nach Hause komme, fällt auf mein Küchenmöbel. Wir haben einen Wohnraum dazugewonnen."

Martina Linnert, Prien am Chiemsee

Die Summe bringt den Erfolg

Diese sieben Argumente sind für den Endkunden von ganz unterschiedlicher Bedeutung, denn jeder hat eigene Bedürfnisse, Vorlieben und Ziele. Wichtig für das Verkaufsgespräch sind dennoch alle sieben. In einer Umfrage mit Kunden, die bereits länger ein BORA System in ihrer Küche nutzen, wurde folgende Frage gestellt: Würden Sie BORA Ihrem besten Freund empfehlen? Wenn nein, warum nicht? Und wenn ja, warum?

Die Antwort war ausnahmslos Ja, und es bestätigte sich, dass alle Vorteile für den Endkunden sehr wertvoll sind. Während der eine von der leichten Reinigung schwärmt, schwört ein anderer auf die Effektivität seines Geräts. Ein dritter Kunde liebt die freie Sicht und dass er sich den Kopf nicht mehr anstößt, während der nächste die kaum wahrnehmbare Geräuschkulisse hervorhebt. Auch das Thema Optik und das Design werden von Kunden immer wieder angesprochen.

Und vor allem: Diese sieben Vorzüge gelten systemübergreifend für alle Produkte von BORA, egal ob Professional, Classic oder Basic. Der Kunde kocht immer in frischer Luft, hat eine freie Sicht und mehr Planungsspielraum und verfügt über ein System, das leise, effektiv und leicht zu reinigen ist. Zugleich kann er darauf vertrauen, dass qualitativ hochwertige Materialien verwendet werden – und dass alles „Made in Germany“ bzw. „Made in Austria“ ist. Zusammen sind diese sieben Argumente für den Verkäufer unschlagbar - und darüber hinaus auch vielfach ausgezeichnet.

„Bora definiert die Küche zum Wohnen neu.“

Anna Philipp, Architektin

In Kürze

Gute Argumente, die den Kunden überzeugen

1. Vorteil Frische Luft
   Kochen in der Komfortzone
2. Vorteil Freie Sicht
   Keine Dunstabzugshaube, die die Sicht einschränkt
3. Vorteil Ruhe
   Entschleunigung im Alltag – für Gespräche oder die Lieblingsmusik
4. Vorteil Leichte Reinigung
   Was leicht ist und schnell geht, wird auch gemacht
5. Vorteil Effektivität
   Keine Umwege, Dunst direkt da absaugen, wo er entsteht
6. Vorteil Beste Materialien
   Hohe Funktionalität und lange Lebensdauer
7. Vorteil Planungsfreiheit
   Der Maßstab für eine neue Küchenarchitektur

BORA im Gespräch
mit Anna Philipp, Philipparchitekten BDA, Waldenburg

Wie sehen die Grundrisse von Wohnräumen heute aus?

Die Gewichtung hat sich in den letzten 20 Jahren deutlich verändert. Während früher der Wohnraum klar im Mittelpunkt des Lebens stand, suchen unsere Kunden nun nach einer Balance zwischen Wohnraum und Küche. Das geht so weit, dass beide ineinanderfließen sollen – die Räume sollen miteinander kommunizieren. Man will sich frei bewegen können. Eine Aufteilung findet eher in Zonen als in abgeschlossenen Räumen statt.

Welche Trends lassen sich erkennen, das heißt, wie wird Wohnraum in zehn Jahren gestaltet?

Die Tendenz der immer kleineren Grundflächen und den konträren Wunsch nach großzügigem Raum sehen wir jetzt schon. In unserer Gesellschaft mit gefühlt immer knapper werdender Zeit wird zudem ein Lebenszentrum für das Zusammensein mit Freunden und Familie auf Augenhöhe immer wichtiger.

Welchen Einfluss nehmen Sie als Architektin auf die Küche – auf Grundrissplanung und Gestaltung?

Auf die Küche versuchen wir immer starken Einfluss zu nehmen, denn sie ist ein sehr langlebiges Element. Eine Küche bleibt oft 15 Jahre und länger bestehen, deshalb stellen wir uns nicht nur den Raum, sondern auch die Materialität und Gestaltung vor. Das macht es für die Bewohner dann leichter, die Wünsche beim Schreiner oder Küchenplaner zu platzieren. Gerade bei offenen Küchen ist oft ein effektives und „unauffälliges" Dunstabzugssystem gefragt, um ohne Nachteile und Stress kochen zu können. Hier helfen Systeme wie BORA, die den Anspruch nach Funktionalität und Ästhetik in den letzten Jahren deutlich erleichtert haben.

Bespricht der Kunde mit Ihnen auch Funktionen in der Küche?

Kunden sind oft sehr vorgebildet. Sie wissen genau, welche Geräte und Funktionen sie haben wollen. Neue Technik spielt dabei eine große Rolle. So geht es längst nicht mehr um die Frage „klassische Induktion" oder „Gas", sondern um das Gesamtkonzept. Im Speziellen das Zusammenspiel der Küchentechnik, allen voran der Lüftungstechnik mit der „Haustechnik", dem Energiekonzept. Architekten und Küchenplaner müssen hier immer enger zusammenarbeiten.

Die Insel als Basis des Küchenkonzepts? Welche Konzepte sind noch erfolgreich?

Die Möglichkeiten sind heute vielfältig: ob offene Küchen, die Inszenierung des Küchentisches im Mittelpunkt oder Kochinseln in Kombination mit einem Küchentisch für den intimen Familienkreis und einem zweiten Esstisch im Wohnraum.

4 VERKAUFSERFOLG AKTIV GESTALTEN

Verkaufserfolg aktiv gestalten

An der Spitze ist noch zu weit hinten!

Liebe Leser, keine Frage, Sie können verkaufen! Sogar sehr gut verkaufen, sonst wären Sie und Ihr Küchenstudio nicht so erfolgreich. Und doch lässt sich immer noch etwas verbessern, gibt es Details, die sich optimieren lassen. Und es gibt neue Herausforderungen – mal ehrlich, sonst wäre es ja auch langweilig. Außerdem bietet selbst ein Spitzenplatz im Ranking, eine Alleinstellung im Markt, keine Sicherheit. Das erlebt man immer wieder, sogar bei großen, traditionsreichen und gut etablierten Unternehmen: Plötzlich sind Konkurrenten schneller, wandern Kunden ab, hat man Entwicklungen verschlafen oder war sich seiner Position einfach zu sicher.

Scheitern als Chance

Schon Charles Darwin wusste: Es sind nicht die Stärksten und Größten, die in der Evolution überleben, sondern jene, die sich am besten und schnellsten an die Veränderungen anpassen können.

Jeder Verkäufer kennt diese Situation: Es war ein sehr nettes, interessiertes Paar. Alles hatte gepasst. Der Beratungstermin war zeitintensiv, aber das erstellte Angebot und die Planung entsprachen den Anforderungen und Wünschen des Kunden, und auch preislich war man nicht sehr weit vom Budgetwunsch entfernt. Doch am Ende blieb die Unterschrift aus. Woran lag es nur?

Zu hören sind dann Sätze wie: „Wir möchten noch eine Nacht drüber schlafen." Oder: „Wir warten noch auf ein anderes Angebot" bzw. „es eilt nun doch nicht mehr so, wie ursprünglich gedacht."

Oder es kommt später die nüchterne Absage: „Der andere Anbieter war viel günstiger, da mussten wir einfach zuschlagen."

Doch ein verlorenes Angebot ist mehr als nur verlorener Umsatz. Es ist persönliche Lebenszeit, die verloren gegangen ist. Zeit, die, in den richtigen Kunden investiert, zu einem Abschluss geführt hätte.

Jeder gute Küchenverkäufer hat ein Gespür für den Zeitpunkt, an dem sich abzeichnet, dass aus diesem Angebot kein Auftrag mehr wird. Versteht sich, dass solche Misserfolge schnell abgehakt werden müssen, denn beim nächsten Kunden gilt es, wieder selbstbewusst und überzeugend aufzutreten. Lange zu hadern ist nicht gut fürs Geschäft. „Nach dem Spiel ist vor dem Spiel", wusste schon Sepp Herberger. Nach der Absage ist vor dem nächsten Auftrag!

Doch dabei wird etwas Wichtiges übersehen: die Chance, die in jeder Absage steckt. Nämlich die Gelegenheit, (selbst)kritisch den Verlauf noch einmal zu überprüfen. Warum hat der Kunde tatsächlich nicht gekauft? Sind es wirklich nur die äußeren Umstände? Welchen Anteil habe ich als Küchenverkäufer, dass aus diesem Auftrag nichts wurde? Was kann ich verbessern?

Wer wissen will, warum der Kunde am Ende doch nicht gekauft hat, obwohl doch intensiv beraten wurde, obwohl das Angebot den Bedürfnissen des Kunden entsprach, obwohl aus der Sicht des Küchenverkäufers wirklich alles getan wurde, der fragt am besten einen, der es wissen muss: den Kunden selbst.

Aber wer nimmt sich die Zeit dafür? Wer macht so etwas? Ist das nicht auch peinlich? Und, mal ehrlich, will man sich wirklich mit der eigenen Unzulänglichkeit konfrontieren, mit einem Nein zum eigenen Handeln und zur eigenen Person? Außerdem: Antwortet der Kunde nicht ohnehin mit Ausreden und Allgemeinplätzen?

Der „nackte" Käufer

Was will der Kunde wirklich? Wie sind die tatsächlichen Beweggründe des Käufers in Erfahrung zu bringen? Klassische Umfragen sind hierfür ungeeignet. In ihnen werden meist nur Punkte abgefragt, die statistischen Vergleichen dienen. Gerne werden Kundenbefragungen auch „belohnt", etwa mit einem Preisausschreiben oder einem Incentive, um damit die Teilnahmebereitschaft zu steigern. Das führt allzu leicht zu bloßen Gefälligkeitsantworten.

Manchmal geben Kunden auch merkwürdige Antworten, nur um gut dazustehen, den Küchenplaner nicht zu verletzen oder das Ganze einfach abzukürzen. Oder auch, weil sie sich die Gründe selbst nicht recht erklären können.

Die wahren Motive, warum Menschen kaufen bzw. nicht gekauft haben, sind häufig im Unterbewusstsein des Kunden verborgen. Der engagierte Küchenverkäufer ist gut beraten, „diesen Schatz zu heben" – durch die richtigen Fragen, denn die Antworten sind Gold wert für jeden, der wachsen und sich weiterentwickeln will.

Raus aus der Komfortzone!

Wer erfolgreich befragen und echte Antworten und ein hilfreiches Feedback erhalten will, sollte sich strategisch gut vorbereiten. Dabei sind einige Grundregeln zu beachten:

- **WANN?** Wer recht früh nachfragt, lässt beim Kunden den Eindruck entstehen, der Küchenverkäufer möchte ihn „zurückholen", seine Meinung „umdrehen". Daher ist es ratsam, etwa vier Monate damit zu warten.
- **WER?** Der Kunde wird im ersten Moment immer antworten „es lag am Preis", denn er möchte das Gespräch abkürzen und dem Verkäufer auch nicht „auf die Füße treten". Daher ist es hilfreich, wenn nicht der Verkäufer selbst nachfragt, sondern eine neutrale Person, sinnvollerweise sogar der Chef oder Verkaufsleiter.
- **WIE?** Es empfiehlt sich, eine kleine, flexible Fragenliste vorzubereiten. Natürlich, das kennt man aus jeder Verkäuferschulung: Keine Fragen, auf die der Befragte einfach mit Ja oder Nein antworten kann. Die effizienteste Form, kluge Fragen zu stellen, sind „fokussierende Fragen".

Fünf wertvolle Fragen für echtes Kundenfeedback, das Sie wirklich voranbringt:

1 Was hat Sie bei Ihrer Kaufentscheidung am stärksten beeinflusst, was war Ihnen wichtig?

Hier erfahren wir die Motivation des Kunden, seine Wertestruktur.

2 Warum haben Sie sich am Ende gegen das Angebot von Herrn/Frau xy entschieden? Herr/Frau xy hat mir noch gesagt, dass er/sie das Gefühl hatte, die persönliche Ebene hätte gut gepasst?
Kommt als Antwort dann „es war zu teuer", könnte die Anschlussfrage lauten: Angenommen der Preis hätte keine Rolle gespielt, welchen Grund gab es noch?

Hier kommt der wahre Grund zutage, der bis dahin noch im Unterbewusstsein versteckt war. Der Kunde denkt jetzt wirklich nach, woran es gelegen haben könnte.

3 Haben Sie sich grundsätzlich für das Grundrisskonzept, das Herr/Frau xy geplant hat, entschieden? Lag es an der fachlichen Kompetenz oder an der Art, wie das Angebot präsentiert wurde?

Hier erfahren wir mehr über die fachliche Kompetenz und die Präsentierfähigkeiten des Verkäufers.

4 Was würden Sie Herrn/Frau xy als Tipp geben?

Die Antwort könnte helfen, sich weiterzuentwickeln. Nicht umsonst heißt es „Feedback ist ein Geschenk".

5 Wenn Sie genau einen Wunsch/Tipp an unser Haus äußern könnten, welcher wäre das?

Auch diese Antwort ist eine Chance, sich weiter zu verbessern, und wenn es nur kleine Details sind.

Durch solche fokussierenden Fragen kann nicht nur jeder Küchenverkäufer/Küchenplaner mögliche Schwachpunkte entdecken. Er erfährt auch, warum Mitbewerber eventuell erfolgreicher sind und Kunden eher erreichen. So lässt sich der konkrete Handlungsbedarf erkennen.

Wie lässt sich das eigene Kundenpotenzial vergrößern? Jeder erfolgreiche Küchenverkäufer, ob Studioinhaber oder Angestellter, kennt sein Potenzial. Es lässt sich an ein paar konkreten Kennzahlen ablesen:

- An der Anzahl der Kunden, die in das eigene Geschäft oder den Ausstellungsbereich kommen.
- An der Anzahl der Kunden, mit denen er oder sie so weit ins Gespräch kommt, dass er am Ende ein Beratungsgespräch vereinbart, eine Küchenplanung und ein Angebot abgibt.
- An der Anzahl der Kunden, die einen Auftrag platzieren, also an der Abschlussquote.

Doch ist es richtig, die eigene Abschlussquote in Bezug auf die gemachten Angebote zu errechnen? Wäre es nicht besser, sie auf die Zahl der Kunden zu beziehen, die das Geschäft besucht haben?

Chancen erkennen – und nutzen

Wachstum hat noch nie in der Komfortzone stattgefunden.

Denn was ist mit all jenen, die im Ausstellungsbereich waren und „bloß schauen" wollten? Wo werden diese Kunden ihre Küchen kaufen? Was ist mit den Kunden, die „nur" ein Angebot, eine Planung erhalten, den Zuschlag aber einem anderen gegeben haben?

Wie lässt sich also das eigene Potenzial an Kunden besser nutzen? Wie sieht es aus, wenn die Kundenfrequenz besser abgeschöpft wird, mehr Angebote erstellt werden und die Abschlussquote dadurch erhöht wird? Wie sieht der Jahresumsatz aus, wenn der Verkäufer bei zehn Küchenangeboten nicht fünf, sondern sieben oder acht gewinnt? Wie sieht der Jahresumsatz aus, wenn der Küchenverkäufer ein oder zwei Küchen weniger verliert? Die Arbeit war ja schon gemacht.

Wer sich die Mühe macht, die Kunden so fokussiert zu befragen, wird erfahren, dass dieser am Ende woanders günstiger, zum gleichen Preis oder sogar teurer gekauft hat. Verbunden ist damit aber eine bittere Erkenntnis:

Das, was der Kunde für seinen Preis beim anderen bekommt, hätte er bei Ihnen bestimmt auch bekommen können.

In den Worten von Kunden hört sich das so an:

1 „Ich fühlte mich nicht richtig verstanden; ich hatte nicht die Gelegenheit, wirklich meine Wünsche zu äußern, und fühlte mich übergangen und gar nicht zugehört. Der Verkäufer war so von seiner Lösung begeistert, er hat zu viel geredet und gar nicht zugehört."

2 „Ich wollte eine ganz individuelle Küchenplanung; das Gefühl, etwas ganz Eigenes und Besonderes zu haben; die Ideen und die Gestaltung des anderen Anbieters haben mich wirklich begeistert."

3 „Ich wusste genau, was ich wollte. Der Küchenverkäufer meinte ‚in unserem Haus bauen wir erst eine Bindung zu unseren Kunden auf', bevor er mir ein Angebot und eine Planung machen wollte. Doch ich möchte mich nicht festlegen, bevor ich ein Angebot bekomme. Da haben mir die Details gefehlt."

4 „Der Verkäufer im anderen Küchenstudio war sehr gut vorbereitet. Er hatte alle wichtigen Daten und Zahlen zur Hand, auch die Materialien waren griffbereit, sodass ich mich gleich selbst überzeugen konnte. Das gab mir das nötige Vertrauen und Sicherheit."

Was haben diese Rückmeldungen gemeinsam? Der nicht erfolgreiche Verkäufer und der Kunde waren nicht auf einer Wellenlänge. Die Ansprache kam beim Kunden nicht an. Was der Verkäufer auch gesagt hat, es wurde nicht verstanden oder – noch schlimmer – gar nicht wahrgenommen. Dafür kann es ganz unterschiedliche Gründe geben. Sei es, dass der (Nicht-)Zuhörer abgelenkt war, etwa durch einen Punkt, der eingangs erwähnt wurde, aber für das Verkaufsgespräch keine Bedeutung hatte. Dass ein Ausstellungsdetail größere Aufmerksamkeit fand als das Gesagte oder dass – besonders problematisch – der Verkäufer den Schwerpunkt seiner Argumente auf einen Aspekt legte, der gar nicht im Interesse des potenziellen Kunden lag ... Nicht die Argumente des Verkäufers entscheiden, sondern die Interessen des Käufers, dessen muss man sich bei jedem Verkaufsgespräch bewusst sein.

Entscheidend ist, was gehört, nicht, was gesagt wird!

Und das ist oft gar nicht so leicht zu unterscheiden. „Tangotanzen kann man nur zu zweit", wusste seinerzeit schon US-Präsident Reagan. Das setzt voraus, dass zwei die gleiche Melodie hören bzw. das Gleiche verstehen. Dass Gesprochenes und Gehörtes weitgehend identisch sind – kurz: dass sich die Dialogpartner im besten Sinne „verstehen". Das ist Kommunikation.

Damit zwei Computer sich verstehen können, ist lediglich der gleiche Code, also das gleiche Betriebssystem bzw. die gleiche Sprache notwendig. Doch beim Dialog von Verkäufer und Käufer kommt eine wesentlicher Faktor dazu: die Persönlichkeit des Einzelnen! Und da ist es nicht schlecht, sich zunächst einmal selbst zu betrachten.

Erkenne dich selbst!

Sie kennen diese Geschichte: Als der sagenhaft reiche antike König Krösus auch noch das aufstrebende Perserreich erobern wollte, befragte er zuvor das Orakel von Delphi, seinerzeit die wichtigste Institution in Sachen Weissagung und Zukunftsforschung, nach den Erfolgsaussichten. Als die Antwort lautete „du wirst ein großes Reich zerstören", begann er den Feldzug. Doch er zerstörte damit sein eigenes „großes Reich". Über dem Eingang zum Orakel stand „gnothi seauton" zu Deutsch: Erkenne dich selbst. Eine Empfehlung, die nicht nur Krösus hätte beherzigen sollen.

Der erste Schritt zur besseren Verständigung ist, zu wissen: „Wer bin ich eigentlich?" Eine scheinbar simple und trotzdem bedeutsame Frage. Keiner kennt einen so gut wie man sich selbst, und natürlich weiß jeder ganz genau, wer er ist. Aber beim Thema Selbstwahrnehmung können gleich zwei Probleme auftreten: Entweder machen sich Menschen keine Gedanken über die eigene Persönlichkeit mitsamt ihren Stärken und Schwächen. Oder ihre eigene Wahrnehmung ist verzerrt, weil sie ihre eigenen Fähigkeiten nicht richtig wahrnehmen und damit falsch einschätzen. Beides führt zu Problemen mit anderen Menschen und damit auch zu Schwierigkeiten bei Verkaufsgesprächen.

Sich selbst richtig wahrzunehmen bedeutet, die eigenen Stärken ebenso wie die Schwachstellen zu kennen und zu verstehen, welche Verhaltensweisen man in gewissen Situationen an den Tag legt und vor allem wie man selbst auf andere wirkt.

BORA

Selbstwahrnehmung hilft beim Verkaufen:

1 Wenn man sich seiner selbst sicher ist, ist es viel leichter, auf andere zuzugehen und sich ganz darauf zu konzentrieren.

2 Der Verkäufer kann das Verhalten des Kunden besser beobachten und einem bestimmten Typus zuordnen. Dadurch kann die Strategie individuell angepasst werden (wie präsentiere ich mein Angebot gezielt, wie detailliert muss das Angebot vorbereitet sein etc.?).

3 Die eigene Wirkung lässt sich besser einschätzen und der Verkaufsstil auf die Bedürfnisse des Kunden anpassen (Tempo, Small Talk etc.).

4 Es gelingt besser, an den eigenen Schwächen zu arbeiten und sie auszugleichen.

5 Der Kunde nimmt den Verkäufer als kompetent wahr.

6 Der Kunde fühlt sich beim Verkäufer wohl und sicher.

7 Der Kunde fühlt sich ermutigt, seine Bedürfnisse voll zum Ausdruck zu bringen. Er kann ganz er selbst sein.

Deutlich schwieriger ist es natürlich, die Persönlichkeit des Kunden, seine wahren Wünsche und Erwartungen, zu identifizieren. Schließlich ist jeder Mensch verschieden und nicht in ein Raster zu pressen. Aber es gibt dennoch bestimmte Verhaltensweisen, die sich ähneln und aus denen sich bestimmte Typologien ableiten lassen, die gewisse Abläufe und Entscheidungen vorhersehbar machen. Bei aller Individualität ist man selbst davon nicht ausgenommen, wenn man sich einmal selbstkritisch betrachtet.

Nur wer sich selbst kennt, kann die eigenen Stärken richtig nutzen!

BORA
Steffen + Peter
BORA
BORA cooking systems
Nadine + Maxi
Rudi + Olaf
Julia + Sabine

5

TYPISCH BORA!

Typisch BORA!

Der Köder muss dem Fisch schmecken, nicht dem Angler

Warum wollen die einen Kunden umfassend mit allen Details beraten werden, während andere gerade das sofort ermüdet? Weshalb wollen die einen erst einmal plaudern und geben gleich Persönliches Preis, während andere reserviert und kühl wirken? Wieso wissen manche Kunden genau, was sie wollen, und andere wirken so unentschlossen und passiv?

Jeder Mensch ist einzigartig, und seine Verhaltenspräferenzen bestimmen, wie er seine Umwelt wahrnimmt, wie er reagiert, Entscheidungen trifft, verhandelt – und behandelt werden möchte. Und doch lassen sich bei aller Verschiedenheit gewisse Gemeinsamkeiten herausfiltern, sogar bestimmte Entscheidungen vorhersagen. Aus diesen Gemeinsamkeiten kann man gewisse Typen herauslesen, die zu Typologien zusammengefasst werden können. Mit deren Hilfe sind Verkaufsgespräche gezielter und erfolgreicher durchzuführen.

In den letzten Jahrzehnten haben Marktforscher, Psychologen und Verkaufstrainer immer wieder solche Typologien bzw. Persönlichkeitsmodelle entwickelt, wie MBTI, die Reiss Profile, das DiSG Modell oder Insights MDI®, um nur einige zu nennen. Denn weniger die demografischen Faktoren (Alter, Geschlecht, Ausbildung, Wohnortgröße ...) bestimmen den Einkauf als vielmehr Gewohnheiten, Verhaltensweisen und Motive. Typologien helfen, unterschiedliche Verhaltensweisen und Denkstile zu beschreiben. Sie können auch dazu beitragen, sich selbst besser zu verstehen, um im Umgang mit anderen effektiver zu agieren.

Auch BORA arbeitet, auf der Basis der Vier-Typen-Lehre, mit einem solchen Erklärungsmodell menschlichen Verhaltens, um Sie beim Verkauf gezielt zu unterstützen. Nicht ganz zufällig besteht diese Typologie aus vier Grundtypen, die genau den Buchstaben des Firmennamens entsprechen – eben typisch BORA!

Jeder der vier Typen verfügt über spezifische Stärken und Schwächen, die Sie beachten sollten. Übrigens auch bei sich selbst. Aber eine solche Typologie kann natürlich immer nur ein abstrahierendes Bild der Wirklichkeit sein, die Reinform einer der Typen wird Ihnen kaum begegnen. Doch es lassen sich dominierende Merkmale des entsprechenden Typs erkennen, die Hinweise darauf geben, wie Menschen behandelt werden wollen.

Dialog der Typen

Woran erkenne ich, wen ich vor mir habe? Wie kann ich mich so ausdrücken, dass er mich versteht? Wie finde ich das richtige Maß von Nähe und Distanz? Bis zu welchem Detail will der Kunde wirklich beraten werden? Die Typologie hilft, die Persönlichkeit des Kunden besser einzuschätzen, aber auch das eigene Verhalten. Sie ist also das passende Werkzeug, um im Augenblick der Begegnung mit dem Kunden alles richtig zu machen!

„Gleich und gleich gesellt sich gern", heißt es gerne, und so glauben viele, dass sie bei ihrem Gegenüber dieselben Verhaltensweisen und Motive voraussetzen können wie bei sich selbst. Wenn Kunde und Verkäufer „dieselbe Sprache sprechen", ist es nicht verwunderlich, dass es recht schnell zum Abschluss kommen kann. Bei anderen kann es dagegen sein, dass die „Chemie" nicht so richtig stimmt und sich die Gespräche schwierig und zäh gestalten. Hier besteht die Kunst darin, sich auf diesen anderen Typ einzustellen.

„Behandle andere, wie sie behandelt werden möchten", lautet die Maxime und nicht: „Behandle andere, wie du selbst behandelt werden möchtest".

Wie sind nun diese BORA Typen strukturiert, was kennzeichnet sie, was sind ihre Stärken und Schwächen? Und vor allem: Worauf ist im Umgang mit ihnen zu achten? Das erfahren Sie auf den nächsten Seiten. Und machen Sie den Selbsttest: Erkennen Sie sich in den Beschreibungen auch wieder?

Die BORA Typen

B steht für den B-Typ, für beruhigend, beziehungsorientiert

O steht für den O-Typ, für offen, optimistisch

R steht für den R-Typ, für risikofreudig, reaktionsschnell

A steht für den A-Typ, für analytisch, abwägend, anspruchsvoll

Der B-Typ – der Beziehungsmensch

Der B-Typ ist ein Mensch des Vertrauens, ein Familienmensch. Er wirkt zunächst reserviert, zurückhaltend, emotionslos, fast etwas passiv. Hinter diesem ruhigen Typ verbirgt sich aber ein gefühlvoller und verständnisvoller Mensch, der sehr umgänglich ist. Erweist sich etwas oder jemand als vertrauenswürdig, wird er sich öffnen. Der B-Kunde ist freundlich, macht wenig Wind um sich selbst und ist kein großer Redner. Der B-Typ ist aber durchaus standhaft. Er bleibt auf Kurs, ist geduldig, kann sehr gut zuhören und vermitteln. Er ist sehr zuverlässig und stellt seine Bedürfnisse auch mal für die Gruppe, die Familie zurück. Er ist sehr einfühlsam und besitzt von allen vier Typen am meisten Empathie. So ist er in den Berufen sehr stark vertreten, die diese Fähigkeiten erfordern, zum Beispiel als Berater, in kommunikativen oder sozialen Bereichen. Im Grunde wünscht er sich in seinem Leben vor allem Harmonie, besonders in der Familie, die ihm sehr wichtig ist.

Lebensmotto: „Gemeinsam schaffen wir das."

Seine Stärken:

+ ist beständig und beziehungsorientiert
+ wirkt beobachtend und unaufdringlich
+ ist ein guter und aufmerksamer Zuhörer
+ ist abwartend und aufnehmend
+ agiert besonnen, ruhig und ausgeglichen
+ ist mitfühlend und einfühlsam
+ ist loyal und respektvoll

Seine Schwächen:

– wirkt manchmal wenig begeistert und unterkühlt
– passt sich nur langsam an neue Situationen an
– scheut Aufwand, der ihm zu groß erscheint
– kann schwer Nein sagen
– wartet lieber auf Anweisungen, statt selbst zu handeln
– wirkt auf andere leicht unterwürfig und angepasst
– erscheint gelegentlich langsam und unentschlossen

Woran erkenne ich den B-Typ?

Der B-Typ wirkt in seiner Erscheinung ruhig und gelassen. Die Körpersprache ist eher zurückhaltend. Wenn der B-Typ einen Raum betritt, bewegt er sich tendenziell entspannt bis lässig. Er mag kleine Gesten bzw. bleibt eher bei sich und bringt mit seiner Mimik die jeweils aktuelle Stimmung zum Ausdruck. Er sucht den freundlichen Augenkontakt, wirkt dabei methodisch und entspannt, kann sich zurücklehnen. Er rückt eher beiseite, wenn ein anderer den Raum braucht. So erweckt er stets den Eindruck, als ob er in sich selbst ruht, auch wenn es nicht immer so ist. Wenn er Vertrauen gefasst hat und sich öffnet, nimmt er gern Körperkontakt auf und seine ganze Haltung drückt Entgegenkommen aus. Die Stimme des B-Typs ist ruhig, warm und sanft. Er spricht bedächtig und mit Pausen. Er redet von Beziehungen, Garantien, will „Schritt für Schritt" vorgehen und verwendet gerne Konjunktive. Während des Gesprächs rückt er immer wieder etwas an sich zurecht.

Der B-Typ in der Küche – und beim Kauf

Küchen-Wünsche des B-Typs:

... schätzt Mahlzeiten als essenziellen Bestandteil des Familienlebens

... hält die Küche für den wichtigsten Raum im Haus

... versucht, sich ausgewogen zu ernähren

... schätzt regionale Produkte und Bio-Qualität

... liebt wohnliche und gemütliche Details und Accessoires

... mag die einfache Bedienung von Dingen und Geräten

... schätzt Güte und Garantiesiegel

Typische Fragen des B-Kunden:

„Ich habe schon ein anderes Angebot eines Küchenstudios, das mich sehr zuvorkommend bedient hat. Wieso soll ich bei Ihnen kaufen?"

„Was können Sie mir empfehlen?"

„Das Neue interessiert mich nicht so sehr. Was haben Sie an bewährten Produkten anzubieten?"

„Wie pflegeleicht ist das?"

„Würden Sie mir bei einem Kauf bei der Entsorgung der Altgeräte helfen?"

„Was kaufen die anderen Leute?"

„Darf ich die Planung mitnehmen und mich wieder bei Ihnen melden?"

„Könnten Sie mich in ein paar Tagen noch einmal anrufen? Ich muss erst noch andere Angebote sichten, eine Nacht drüber schlafen."

„Es besteht doch kein Grund zur Eile, oder?"

Fragen in Bezug auf BORA Kochfeldabzüge:

„Funktioniert das wirklich?"

„Was ist, wenn etwas hineinläuft?"

„Wie reinige ich das Ganze?"

„BORA hat sich doch schon seit Langem bewährt, oder?"

„Mir ist egal, ob das Professional das Neueste ist. Welches funktioniert am besten?"

„Welche Erfahrungen haben Sie mit BORA? Haben Sie das auch?"

„Wie sieht es mit dem Service aus?"

„Welche Garantie bieten Sie auf die BORA Produkte?"

„Was ist, wenn etwas kaputtgeht und ich etwas austauschen muss?"

„Kann ich das in meiner bestehenden Küche einbauen?"

„Wo wird BORA eigentlich produziert?"

Diese BORA Argumente überzeugen den B-Typ:

- BORA ist ein inhabergeführtes Unternehmen, ein Schreiner aus Raubling hat es gegründet.
- BORA konzentriert sich seit zehn Jahren ausschließlich auf Abzugssysteme, die sich sehr bewährt haben und funktionieren.
- BORA ist „Made in Germany and Austria": BORA ist Hersteller aus Deutschland/Bayern/Raubling und fertigt ausschließlich in Deutschland und in Österreich.
- Das Unternehmen legt selbst großen Wert auf gesunde Ernährung, die leicht und schnell zuzubereiten ist (BORA Tipp: Geben Sie Ihrem Kunden als Aufmerksamkeit und Erinnerung an Sie eines der BORA 10 | 10 Rezeptbücher mit).
- Sie können sich auf mybora.com registrieren lassen und bekommen ein zusätzliches Jahr Garantie geschenkt.
- Ich selbst habe mich bei der Schulung von BORA überzeugen lassen und kenne mich bestens damit aus.
- Die Reinigung ist kinderleicht und ohne mühsames Strecken nach oben oder Besteigen von Trittleitern möglich.
- Der Fettfilter ist aus 100 Prozent Edelstahl, robust und langlebig, unabhängig davon, wie oft Sie ihn im Geschirrspüler reinigen.
- Falls etwas überläuft, kann nichts passieren. 250 ml passen in den Kochfeldabzug, des Weiteren befindet sich die Elektronik nicht im Luftstrom.
- Weil Sie mit BORA in frischer Luft und bei freier Sicht kochen, wird Kochen wieder zu einem Gemeinschafts- und Familienerlebnis.
- Sie haben „Ihre Lieben" beim Kochen im Blick und können sich dabei wunderbar unterhalten.
- Viele unserer Kunden haben sich für ein BORA System entschieden und sind sehr glücklich und zufrieden damit.

Menschen kaufen von Menschen

Bevor wir den B-Typ im Verkaufsgespräch näher beleuchten, ein kurzer Ausflug in die Praxis: Wie sehen die einzelnen Phasen im Verkauf und im Kontakt mit dem Kunden genau aus?

Jeder Kunde hat zwei zentrale Fragen, die er oft gar nicht direkt stellt, die aber bei jedem Verkaufsgespräch mitschwingen: „Warum soll ich dieses Produkt oder diese Dienstleistung kaufen?" Und: „Warum soll ich (ausgerechnet) bei Ihnen kaufen?"

Die BORA Typen sind auch unabdingbares Wissen für erfolgreiche Küchenverkäufer und wesentlicher Bestandteil des BORA Sales+ Trainings.

Sich diese beiden Fragen immer wieder aufs Neue bewusst zu machen schärft die Aufmerksamkeit – und hilft dabei, die richtige Antwort darauf zu haben. Bloß: Die eine Antwort gibt es nicht. Sie wird von Kunde zu Kunde unterschiedlich ausfallen, denn es geht doch gerade darum, den Kunden mit dessen eigenen Argumenten zu überzeugen. Ein guter Verkäufer nimmt deshalb die Reaktionen eines Kunden bewusst wahr und weiß, darauf zu reagieren. Er passt sich an den Kunden an, er wechselt bei Bedarf die Gangart und das Tempo, wiederholt sich oder schweigt, wenn das erforderlich ist. Sie kennen am Ende dieses Kapitels alle 4 Kundentypen und erhalten einen Leitfaden für die Verkaufsphasen. Dieses Wissen erleichtert Ihnen die Einschätzung des Kundentyps und der geeigneten Gesprächsführung.

Jeder Verkaufsprozess läuft in der Regel in vier Phasen ab:

1. Phase – Eröffnung: Sie beginnt mit einer ersten Kontaktaufnahme. Ziel ist dabei, die Zustimmung des Kunden zu bekommen, sein Vertrauen zu gewinnen und eine Beziehung aufzubauen. Der Kunde ist kein Spezialist und kann die Sachkunde des Küchenplaners nicht überprüfen. Er verlässt sich auf seinen Eindruck, wie er den Verkäufer wahrnimmt, und beurteilt auf dieser Basis, ob er ihn für vertrauenswürdig hält. Dabei kommt es auf die Körpersprache, den Klang seiner Stimme, die Wortwahl und darauf an, ob das Gesagte mit dem Gezeigten übereinstimmt.

2. Phase – Bedürfnisermittlung: „Wenn ich die Menschen gefragt hätte, was sie wollen, hätten sie gesagt: schnellere Pferde." Dieses Zitat von Henry Ford deckt das uralte Dilemma aller Verkäufer bei der Frage

auf: Was will der Kunde wirklich? Leider ist das gar nicht so einfach herauszufinden. Denn in der Regel wissen nur wenige Kunden, was sie wollen. Sie stehen vor der Qual der Wahl, müssen sich in einem Überangebot an Möglichkeiten zurechtfinden. Dabei haben sie weder die Zeit noch oft die Lust, sich über alles zu informieren. Der Kunde kann sich nur wünschen, was er schon kennt. Die Aufgabe des Küchenplaners ist es, den Kunden dabei zu unterstützen, sich über seine Situation, seine Bedürfnisse klar zu werden und diese selbst zum Ausdruck zu bringen. Dies gelingt mit den richtigen, zielgerichteten Fragen. Deshalb sollten Verkäufer, wenn möglich, mit einleitenden WAS-Fragen beginnen. Dadurch wird dem Kunden geholfen, seine gegenwärtige Situation, sein Problem näher zu beschreiben. Der Küchenplaner erhält so schnell einen guten Überblick über die Ausgangslage. Einer der häufigsten Fehler im Verkauf ist, dem Kunden zu schnell eine Lösung zu präsentieren. Bevor der Verkäufer eine Lösung anbietet, muss er sicher sein, dass der Kunde mithilfe der Fragen seine Bedürfnisse formuliert hat und sich Klarheit verschafft hat, welches Ergebnis er wünscht.

3. Phase – Verkaufsdialog, die Präsentation: Was nützt das schönste Material, das beste Produkt, wenn der Verkäufer dies nicht zu inszenieren weiß und die Präsentation nicht stimmt. Wer verkaufen will, muss präsentieren können. Die Präsentation rückt den Nutzen (Wert) der Lösung ins rechte Licht, sodass der Nutzen am Ende die Kosten des Angebots übersteigt und der Kunde das Gefühl hat, einen Mehr-Wert zu bekommen. Nur so kann die eigene Leistung transportiert werden.

4. Phase – Abschluss/Zusage für den nächsten Schritt: Erfahrene Verkäufer sind sehr geübt im Erkennen von Abschlusssignalen ihres Gegenübers. Sie haben sich die richtigen Abschlusstechniken und die richtigen Fragen zurechtgelegt, um jetzt ans Ziel zu kommen. Doch gerade dabei kann es in der Endphase unangenehme Überraschungen geben. Die entstehen vor allem dann, wenn der Verkäufer nicht richtig mit dem Kunden kommuniziert, ihn nicht richtig „gelesen“ und die Verkaufsphasen nicht auf den jeweiligen Typ abgestimmt hat. Gerade wenn Gespräche stocken, kann es helfen, die nächste Phase aktiv anzugehen.

Der B-Typ im Verkaufsgespräch

Der B-Typ steht für beruhigend, beziehungsorientiert.

So klappt die Kommunikation mit Typ B

- Geduld bewahren und sich Zeit nehmen für Fragen und Antworten. Nur so lassen sich die Bedürfnisse des Kunden herausfiltern.
- Betonen, dass man gemeinsam Schritt für Schritt zum Ziel kommen wird, um so Vertrauen aufzubauen.
- Herausstreichen, dass der Kunde sich auf die Produkte, die hier verkauft werden, verlassen kann, und der Service bestens ist.
- Sich als Ratgeber und Helfer an seiner Seite präsentieren, auch hinsichtlich anderer Fragen.
- Die Familie mit einbeziehen, besonders wenn Freunde, Eltern, Schwiegereltern oder Kinder mit dabei sind.
- Komfort und Annehmlichkeiten bieten, zum Beispiel in Form von gemütlichen Sesseln und einem diskreten Umfeld.
- Aufrichtig und ehrlich sein, dabei aufmerksam zuhören.
- Leise und entspannt sprechen, ohne Druck aufzubauen.
- Empfehlungen geben, den Komfort betonen und sich als guter Ratgeber zeigen.
- Den Kunden in die Augen schauen, wenn erklärt wird, warum das Produkt für ihn die beste Lösung ist. Der B-Typ muss Vertrauen fassen und das sichere Gefühl haben, kein Risiko einzugehen.
- Das Warum zu verstehen hilft bei den meisten Kaufentscheidungen, um das Risiko zu minimieren.

Was beim B-Typ zu vermeiden ist

- Treten Sie nicht zu forsch und direkt auf.
- Drücken Sie nicht zu sehr aufs Tempo.
- Lassen Sie keine Details aus.
- Werden Sie nicht laut.
- Sorgen Sie dafür, dass keine Unruhe herrscht (zum Beispiel: Störung durch Kollegen oder Telefonanrufe).

Die Gestaltung der Verkaufsphasen

1. Phase: Vertrauensaufbau

- Zeigen Sie aufrichtiges Interesse an der Person.
- Brechen Sie das Eis mit einer persönlichen Bemerkung zu Beginn und zeigen Sie etwas Persönliches von sich selbst.
- Suchen Sie häufiger Kontakt.

2. Phase: Bedarfsanalyse

- Seien Sie langsam und behutsam und geben Sie Zeit zum Nachdenken.
- Klären Sie seinen Bedarf nach Ruhe und wahren Sie Diskretion. Fragen Sie nach.
- Werden Sie nicht ungeduldig.
- Vermeiden Sie den Anschein, oberflächlich zu sein.

3. Phase: Präsentation

- Nennen Sie Zahlen und Daten, die weitere Sicherheit bieten.
- Stellen Sie persönliche Vorteile heraus.
- Heben Sie Sicherheit und Wertbeständigkeit des Produkts besonders hervor.
- Beantworten Sie alle Fragen und vergewissern Sie sich, ob auch wirklich alles klar ist.
- Geben Sie Referenzen an und bieten Sie gegebenenfalls die Möglichkeit, sich bei anderen Kunden erkundigen zu dürfen, die das Produkt bereits nutzen.
- Bieten Sie eine Live-Vorführung mit anderen Kunden gemeinsam an.

4. Phase: Abschluss

- Seien Sie sanft, aber initiativ.
- Bewegen Sie ihn zu Stellungnahmen.
- Vermitteln Sie Sicherheit.
- Schenken Sie ihm Wertschätzung und Anerkennung für seine Wahl.

Von Typ zu Typ: Kommunikation des B-Typs mit anderen Typen

B-Typ mit B-Kunde: Die beiden werden keine Schwierigkeiten haben.

O-Typ mit B-Kunde: Hier gilt es, nicht übertrieben freundlich zu sein, bevor das Vertrauen gewonnen wurde, weniger zu reden und Diskretion zu wahren.

R-Typ mit B-Kunde: Empfehlenswert ist hier ein langsamerer Angang als gewohnt, dabei freundlich und behutsam zu bleiben und keinen Druck auszuüben, gleichzeitig aber Sicherheit zu bieten und qualitätsorientierte Details zu nennen.

A-Typ mit B-Kunde: Hier sollten Sie dem anderen Zeit lassen, die Fakten zu verdauen, und auch die Möglichkeit bieten, sich über Privates zu unterhalten.

BORA

Die Welt des B-Typs

BORA ist Made in Germany and Austria

BORA ist ein inhabergeführtes Unternehmen

Mehr Sicherheit durch Garantieverlängerung

Gesunde Ernährung gehört zu einem Kernwert des Unternehmens.

Sehr leichte und einfache Reinigung

Der O-Typ – der Optimist

Der O-Typ ist der geborene Redner und Visionär. Voller Charme und Humor strahlt er Optimismus und Lebensfreude aus. Er kommt leicht mit anderen Menschen in Kontakt, öffnet sich schnell – auch weil er viel über sich und andere redet, ohne sein Gegenüber schon gut kennen zu müssen. Dafür fällt es ihm schwer, zuzuhören. Er interessiert sich für alles Neue und ist wissbegierig. So ist er stetig auf der Suche nach Abwechslung und äußerst aktiv. Er lacht viel und trägt damit dazu bei, sein Umfeld aufzuheitern. Seine Aufmerksamkeit richtet sich oft auf mehrere Dinge gleichzeitig. Er ist kein Bedenkenträger – und entscheidet, auch wenn er etwas kauft, eher aus dem Bauch heraus. Er improvisiert lieber, als alles bis ins Detail durchzudenken.

Lebensmotto: „Das Leben ist viel zu wichtig, um es ernst zu nehmen."

Seine Stärken:

+ ist offen für Neues und fantasievoll
+ hat keine Scheu vor neuen Herausforderungen
+ findet leicht Freunde und baut schnell Beziehungen auf
+ kann gut sich selbst präsentieren
+ ist ausdrucksstark und redegewandt
+ ist auf jeder Party der Mittelpunkt
+ ist begeisterungsfähig und beweglich

Seine Schwächen:

– wirkt mitunter oberflächlich und unbedacht
– neigt dazu, etwas „naiv" zu sein
– verliert leicht das Interesse und schweift ab
– lässt sich schnell ablenken
– redet zu viel und übertreibt dabei gerne oder verspricht zu viel
– ist unorganisiert und schlecht vorbereitet
– ist unruhig und kann nicht stillsitzen

Woran erkenne ich den O-Typ?

Der O-Typ hat kein Problem mit schnellem Körperkontakt. Er berührt, schüttelt die Hand und klopft auf die Schulter. Er ist sehr locker, wird sich auf den Stuhl fallen lassen und es sich bequem machen. Er kann unruhig wirken, wippen oder mit den Fingern trommeln. Er geht nahe heran, berührt sein Gegenüber, bleibt dabei entspannt locker, sucht den freundlichen Augenkontakt und liebt die ausdrucksvollen Gesten, die das Gesagte noch weiter unterstreichen. Seine Mimik setzt er immer dann ein, wenn sie das gesprochene Wort unterstützen soll. Er redet schnell und begeisternd mit einer ausgewogenen Modulation von Hoch und Tief in der Stimme. Er spricht gern in Superlativen, betont den Spaß, das Aufregende („der Hammer!"). Er verfügt über einen umfangreichen Wortschatz und hat die Fähigkeit, auch abstrakte Sachverhalte durch eine bildhafte Sprache und den Gebrauch von Metaphern verständlich zu transportieren. Der O-Typ bewegt sich meist kontrolliert. Er hat einen festen, längeren Händedruck, welcher verbal begleitet wird. Er geht tendenziell schnell bis hastig.

Der O-Typ in der Küche – und beim Kauf

Küchen-Wünsche des O-Typs:

... ist ein toller Gastgeber und lädt gerne Gäste ein

... liebt die Individualität

... ist begeistert davon, die neuesten und innovativsten technischen Geräte zu besitzen und seinen Freunden zu zeigen, muss diese aber nicht zwingend immer nutzen

... steht auf verlockende Verpackungen

... fragt nach, was Freunde kochen und welches Gericht die anderen im Restaurant wählen

... hat keine Scheu, im Restaurant die Menüfolge zu ändern

Typische Fragen des O-Kunden:

„Können Sie mir das zeigen?“

„Was kann ich damit alles machen?“

„Was ist das Neueste auf dem Markt?“

„Kann ich das mit einer App steuern?“

„Wenn Sie die Küche bewerben, könnten Sie meine Küche für die Anzeigenfotos verwenden?“

„Haben Sie auch ein Messeangebot?“

„Könnten wir das bei einer Tasse Kaffee besprechen?“

„Darf ich die Planung mitnehmen und meinen Kollegen/Nachbarn/Freunden zeigen?“

Fragen in Bezug auf BORA Kochfeldabzüge:

„Ich habe BORA in der Werbung gesehen. Können Sie mir das vorführen?“

„Welches ist das neueste und aktuellste System?“

„Wo geht der Dunst hin?“

„Wie funktioniert das bei hohen Töpfen?“

„Welche zusätzlichen Besonderheiten bietet das Professional/Classic/Basic?“

„Welche Ihrer Kunden kochen mit BORA?“

„Führen Sie die Geräte auch live vor?“

„Wenn ich das BORA System kaufe, bekomme ich dann auch eine Schürze, ein 10 | 10-Kochbuch ... dazu?“

Diese BORA Argumente überzeugen den O-Typ:

- BORA ist ein sehr innovatives Unternehmen und hat als Pionier die Küchenbranche revolutioniert.
- BORA bietet höchste Individualität und Kombinationsmöglichkeiten.
- Auch bei hohen Töpfen kochen Sie mit einem kleinen Trick in frischer Luft.
- BORA nimmt sich von Optik und Design so sehr zurück, der erste Blick wird auf die individuell geplante Küche fallen.
- Viele Sterneköche kochen privat mit BORA.
- Ich selbst habe bei einem Training BORA live erlebt, schauen Sie hier, ich habe das mit meinem Handy gefilmt.
- Die Reinigung geht schnell und einfach.
- Der Fettfilter ist aus 100 Prozent Edelstahl, kann ganz einfach im Geschirrspüler mit dem restlichen Geschirr gespült werden.
- Sie haben Ihre Freunde und Gäste beim Kochen im Blick und können sich wunderbar unterhalten oder laut Musik hören; mit BORA macht Kochen Spaß.
- BORA ist anders als andere und organisiert tolle Events, aktuell eine Städtetour durch Europa, ich zeige Ihnen mal Bilder.
- Die Kunden, die auf BORA kochen, sind alle begeistert von der Funktion und Effektivität und würden BORA wieder kaufen.

Der O-Typ im Verkaufsgespräch

Der O-Typ steht für offen, optimistisch.

So klappt die Kommunikation mit dem O-Typ

- Zeigen Sie sich sehr offen, freundlich und herzlich.
- Leichte körperliche Berührung ist möglich.
- Lassen Sie sich Zeit für Kontakt und Geselligkeit.
- Bieten Sie Anreize (Kochvorführung etc.).
- Beziehen Sie ihn aktiv mit ein, lassen Sie ihn selbst erleben und fördern Sie Interaktionen.
- Finden Sie Anknüpfungspunkte wie gemeinsame Hobbys etc.
- Heben Sie immer wieder das Besondere, Neue und Innovative der Dienstleistung des Produkts hervor.
- Zeigen Sie Produktunterlagen mit vielen Bildern.
- Schreiben Sie Besprochenes nieder und halten Sie es stets fest.
- Loben Sie viel und seien Sie sehr aufmerksam (Kaffee, Tee etc.).

Was beim O-Typ zu vermeiden ist

- Das Gespräch beherrschen.
- Zu viel und ohne Pause sprechen.
- Ideen und Vorschläge des Kunden zurückweisen.
- Kurz, kühl und verschlossen zu wirken.
- Zu ernst sein.
- Mit zu vielen Details und Fakten langweilen.

Die Gestaltung der Verkaufsphasen

1. Phase: Vertrauensaufbau

- Machen Sie den Kunden gleich mit einer Frage neugierig: „Darf ich Ihnen ganz kurz etwas zeigen?“
- Halten Sie keine langen Monologe.
- Geben Sie sich gesellig und unterhaltsam.
- Hören Sie aufmerksam zu und nehmen Sie sich ausreichend Zeit, um eine Beziehung aufzubauen.

2. Phase: Bedarfsanalyse

- Stellen Sie anhand eines gut vorbereiteten Fragenkatalogs (Fragebogen) gezielte Fragen, fassen Sie die einzelnen Punkte zusammen und schreiben Sie sie nieder.
- Stellen Sie eher geschlossene Fragen.
- Fangen Sie den Kunden immer wieder „ein“.
- Inspirieren Sie ihn und geben Sie dazu entsprechenden Input. Lassen Sie ihn träumen und einigen Sie sich dann auf einen konkreten Punkt.
- Schaffen Sie im Gespräch immer wieder Räume für kurzes Abschweifen und eine heitere, aufgeräumte Atmosphäre.

3. Phase: Präsentation

- Beziehen Sie den Kunden mit ein und lassen Sie ihn selbst machen.
- Holen Sie ihn bei Kochvorführungen an das Kochfeld: „Sehen Sie selbst, riechen Sie selbst, dass Sie nichts riechen!“
- Kochen Sie für den Kunden eine Kleinigkeit und essen Sie mit ihm gemeinsam.
- Präsentieren Sie Zeichnungen möglichst klar und gut ausgestaltet, sodass er sich das Szenario bildhaft vorstellen kann.
- Überzeugen Sie ihn mit Geschichten von anderen Kunden, die das Produkt schon nutzen.
- Sprechen Sie bildhaft.

- Legen Sie den Schwerpunkt auf Design und nicht auf technische Details.
- Betonen Sie anhand von Referenzbeispielen Prestige und Status.
- Gestalten Sie die Präsentation emotional, sodass Sie selbst begeistert wirken.

4. Phase: Abschluss

- Schaffen Sie eine lockere Atmosphäre.
- Lassen Sie sich vom Kunden nicht ablenken.
- Machen Sie Pläne für die Zukunft: „Stellen Sie sich vor …“
- Lassen Sie nicht locker und bleiben Sie beharrlich.
- Handeln Sie Bedingungen aus und halten Sie diese schriftlich fest.
- Behalten Sie (kleine) Zugeständnisse in der Hinterhand und schaffen so zusätzliche Anreize (Live-Cooking, Zubehör etc.)

Von Typ zu Typ: Kommunikation des O-Typs mit anderen Typen

B-Typ mit O-Kunde: Hier gilt es, Verständnis für die lebhafte Art des O-Kunden zu entwickeln, sich ausreichend Zeit zu nehmen und seine Energie auf die Entwicklung von Emotion zu lenken.

O-Typ mit O-Kunde: Die beiden werden keine Schwierigkeiten miteinander haben.

R-Typ mit O-Kunde: Er sollte sich freundlicher als üblich zeigen, geduldig sein, ins Tun kommen und nicht zu dominant auftreten.

A-Typ mit O-Kunde: Hier ist es empfehlenswert, sich nicht in technische Details zu verlieren, so freundlich und zuvorkommend wie möglich zu sein und dabei durchaus auch Persönliches preiszugeben, über Innovation zu sprechen und sich auf zwei bis drei besondere Punkte zu konzentrieren.

BORA

Die Welt des O-Typs

Die BORA Revolution Tour findet an außergewöhnlichen Orten statt.

Individuelle Planungsmöglichkeiten

Das BORA Live Cooking sorgt für Kundenbindung

BORA ist ein dynamisches und innovatives Unternehmen.

Der R-Typ – der Revolutionär

Er ist die klassische Führungspersönlichkeit, ein Macher, der Dominanz ausstrahlt und auch sofort die Gesprächsführung übernimmt. Der R-Typ gibt sich souverän, hat eine selbstsichere Ausstrahlung und kommt schnell zur Sache. Er strahlt eine natürliche Autorität aus, und selbst wenn er unsicher ist, würde er das niemals zugeben, wohl auch nicht sich selbst gegenüber. Menschen, die Souveränität und hohe Kompetenz ausstrahlen, gewinnen seine Aufmerksamkeit, denn es könnte ja etwas Neues und Interessantes zu erfahren sein. Wenn dies nicht so ist, wendet er sich schnell wieder ab. Er provoziert gerne und versucht mitunter, sein Gegenüber zu verunsichern und aus dem Gleichgewicht zu bringen. Er will stets die Kontrolle behalten und auf jeden Fall selbst entscheiden, gerne auch für andere.

Lebensmotto: „Wer mit mir nicht zurechtkommt, muss wohl erst noch an sich arbeiten!“

Seine Stärken:

+ ist risikofreudig, abenteuerlustig und ambitioniert
+ wirkt selbstbewusst, durchsetzungsfähig und willensstark
+ liebt Herausforderungen
+ hat als Organisationstalent alles im Griff
+ ist ein Antreiber
+ blüht erst richtig auf, wenn er Widerstand spürt, und wächst in Notlagen über sich selbst hinaus
+ betont den Nutzen, das Ergebnis und die Herausforderung des „Bis wann?“

Seine Schwächen:

- kann schlecht zuhören und wartet auch nicht auf Antworten
- neigt dazu, alles besser zu wissen
- ist resolut, kommuniziert nicht auf Augenhöhe, macht andere klein
- wirkt oft arrogant und überfahrend, ist ungeduldig, wenn andere nicht auf den Punkt kommen
- widersetzt sich Autoritäten und ist ein schlechter Verlierer
- denkt und agiert häufig kurzfristig

Woran erkenne ich den R-Typ?

Unabhängig von seiner Körpergröße verfügt der R-Typ über hohe räumliche Präsenz. Diese steuert er durch Blickkontakt, Atmung, Stand und Gang. Er hat einen forschen Gang und betritt den Raum mit großen, hörbaren Schritten. Seine ganze Körperhaltung drückt Selbstbewusstsein aus. Sein Kopf ist erhoben, der Rücken beim Gehen gerade. Meist nimmt er beim Platznehmen viel Raum ein und setzt sich breitbeinig hin. Er rückt nicht gleich zur Seite, wenn ein anderer Raum braucht. Körperliche Berührungen schätzt er eher nicht und hält anderen gegenüber eine gewisse Distanz ein. Er spricht laut und bestimmt, die Stimme ist stark, klar, kernig. Er wirkt forsch, sucht den direkten Augenkontakt. Seine Gesten sind ausladend und er setzt hierfür beide Hände ein. Seine Worte sind klar, direkt und ergebnisorientiert. Er kommt ohne Umschweife zur Sache. Er hat einen festen Händedruck. Der R-Typ hält einen festen Blickkontakt und verändert häufiger die Position.

Der R-Typ in der Küche – und beim Kauf

Küchen Wünsche des R-Typs:

... isst gerne auswärts

... probiert gerne neue oder außergewöhnliche Speisen und Zutaten (zum Beispiel Superfoods)

... kocht eher nach Gefühl und nicht nach Rezept

... liebt Verkostungen (besondere Weine, Olivenöle, spezielle französische Käsesorten ...)

... umgibt sich gerne mit Symbolen und Prestigeobjekten

... legt Wert auf Designer- und Markenware

Typische Fragen des R-Kunden:

„Wie viel kostet das genau?“

„Ist das das beste Modell, das auf dem Markt erhältlich ist?“

„Ist das das neueste/innovativste Modell?“

„Wann ist die Küche bei mir aufgebaut?“

„Wie lange ist die Garantiezeit?“

„Kennen Sie sich damit wirklich aus?“

„Wie kommen Sie mir preislich entgegen?“

„Führen Sie diese Geräte exklusiv?“

Fragen in Bezug auf BORA Kochfeldabzüge:

„Funktioniert das wirklich?“

„Abluft oder Umluft?“

„Wie viele Küchen mit BORA Abzugssystemen haben Sie schon verkauft?“

„Wer oder was ist BORA?“

Diese BORA Argumente überzeugen den R-Typ:

- BORA ist ein innovatives Unternehmen und Pionier in Bezug auf Kochfeldabzug, das Original.
- BORA wurde mehrfach mit Designpreisen ausgezeichnet (red dot best of the best).
- BORA ist Marktführer.
- BORA blickt auf zehn Jahre Erfolgsgeschichte zurück.
- BORA bietet höchste Individualität und Kombinationsmöglichkeiten.
- Mit BORA haben Sie einen komplett freien Blick und keine Gerätschaften vor dem Kopf.
- Die Bedienknebel von Professional sind einzigartig, das hat kein anderer.
- BORA bietet dank übertiefer Kochfelder maximalen Platz.
- Mit BORA kochen Sie wie ein Profi.
- Sterneköche kochen privat auf BORA Professional.
- BORA bietet im Premiumsegment an.
- BORA bietet höchste Funktionalität.
- Die Reklamationsquote ist gleich 0.

Der R-Typ im Verkaufsgespräch

Der R-Typ steht für risikofreudig, reaktionsschnell.

So klappt die Kommunikation mit dem R-Typ

- Grundsätzlich ist der R-Typ am „einfachsten" zu lesen, denn er sagt frei heraus, was er braucht, will und erwartet.
- Seien Sie klar und konkret und kommen Sie auf den Punkt.
- Gestalten Sie alle Gespräche effizient und planen Sie eine Gesprächsstrategie.
- Versorgen Sie den Kunden mit Top-Informationen, um bei Bedarf mit Fachkompetenz in die Tiefe gehen zu können.
- Ein bestimmter Verkäufer sollte während des gesamten Prozesses sein Ansprechpartner bleiben, sonst fühlt er sich nicht ernst genommen.
- Sorgen Sie für einen klaren Fixtermin und Fixpreis.
- Antworten Sie auf Fragen direkt, prägnant und kurz.
- Es ist immer günstiger, ihm mitzuteilen, welche Schritte im Einzelnen umgesetzt werden sollen, anstatt lange Warum-Erklärungen zu liefern.
- Betonen Sie stets die Resultate.
- Loben Sie ihn nicht als Person, sondern seine Idee, seinen Vorschlag.
- Nennen Sie immer Alternativen und nehmen Sie auf keinen Fall dem Kunden die Entscheidungen ab. Er will das letzte Wort behalten.
- Fassen Sie die Ergebnisse kurz zusammen.
- Geben Sie einen Ausblick auf die nächsten Schritte.

Was beim R-Typ zu vermeiden ist

- Suchen Sie keinen vorschnellen Körperkontakt, außer dieser geht vom Kunden aus.
- Wirken Sie nie unentschlossen.
- Reden Sie nicht über Probleme.
- Seien Sie nicht übertrieben freundlich.
- Reden Sie nicht blind drauflos.
- Prahlen Sie nicht mit Aussagen, die sich nicht belegen lassen.
- Meiden Sie große Verallgemeinerungen genauso wie zu viele Details.

Die Gestaltung der Verkaufsphasen

1. Phase: Vertrauensaufbau

- Machen Sie keinen Small Talk und erzählen Sie nicht viel Persönliches, das Zeit kostet.
- Überlassen Sie ihm die Gesprächsführung.
- Bleiben Sie in der Ansprache knapp und geschäftsmäßig: „Darf ich eine Minute Ihrer Zeit beanspruchen, ich will Ihnen ganz kurz etwas zeigen?“

2. Phase: Bedarfsanalyse

- Treten Sie selbstbewusst und kompetent auf.
- Stellen Sie gezielt Fragen und notieren Sie die Antworten stichpunktartig.
- Sorgen Sie für eine gute Vorbereitung Ihrerseits.
- Demonstrieren Sie planmäßiges Vorgehen.
- Nehmen Sie den Bedarf des Kunden gut auf und fragen Sie gegebenenfalls nach möglichen Alternativen.

3. Phase: Präsentation

- Vermeiden Sie Details, bereiten Sie diese aber vor, falls Fragen kommen.
- Arbeiten Sie Alternativen aus.
- Geben Sie ihm Materialien in die Hand und lassen Sie ihn diese anfassen.
- Konzentrieren Sie sich auf die wichtigsten Punkte.
- Reden Sie nicht zu viel.
- Betonen Sie Status und Prestige des Angebots (das Beste, Neueste, Innovativste).

4. Phase: Abschluss

- Zeigen Sie sich selbstbewusst.
- Rechtfertigen Sie nicht den Preis für das Produkt/die Dienstleistung und fügen Sie keine weiteren Argumente an.
- Geben Sie ihm das Gefühl, dass er entscheiden kann.
- Bereiten Sie Zugeständnisse vor, sodass er gewinnen kann; bieten Sie diese aber nicht zu früh an.
- Legen Sie ein gewisses Tempo vor, seien Sie zügig.

Von Typ zu Typ: Kommunikation des R-Typs mit anderen Typen

B-Typ mit R-Kunde: Treten Sie selbstbewusst auf und lassen Sie sich nicht einschüchtern. Seien Sie gut vorbereitet, um sich kompetent und sicher zu fühlen.

O-Typ mit R-Kunde: Vermeiden Sie körperliche Nähe oder Berührungen sowie Small Talk. Zügeln Sie den eigenen Redefluss, halten Sie sich zurück und hören Sie zu.

R-Typ mit R-Kunde: Die beiden werden keine Schwierigkeiten haben.

A-Typ mit R-Kunde: Verlieren Sie sich nicht in technischen Details, haben Sie immer Lösungen im Fokus und keine Probleme. Kommen Sie zum Punkt.

BORA

Die Welt des R-Typs

BORA wurde als Unternehmen mehrfach ausgezeichnet.

BORA Revolution Tour auch in Brüssel

„Die Revolution in der Küche“

PLUS X AWARD® BORA BESTE DESIGNMARKE 2017

PLUS X AWARD® ausgezeichnet als: BESTES PRODUKT 2017

GOOD DESIGN Award

GERMAN DESIGN AWARD WINNER 2016

GERMAN DESIGN AWARD GOLD 2018

reddot design award best of the best 2017

Der A-Typ – der Analytiker

Er ist der typische Analytiker und besitzt dadurch die Fähigkeit, Themen in ihrer Tiefe zu durchdringen und die richtige Lösung zu finden. Langer Small Talk liegt ihm nicht. Er möchte nicht unhöflich wirken, hat aber auch nicht den Wunsch, ständig und überall neue Kontakte zu schließen. Er ist sehr gern für sich alleine. Der A-Typ ist an Fakten interessiert. Er schätzt, was sein Leben ordnet und überschaubar macht. Er hat Angst, Fehler zu machen, und scheut Risiken. Der A-Typ ist gewissenhaft, sehr selbstkritisch und kann andere ebenfalls sehr kritisch betrachten. Er schaut aufs Detail, hasst Oberflächlichkeit. Was er tut, muss in der richtigen Reihenfolge geschehen und perfekt sein. Er hat hohe Werte und wird diese auch nicht außer Acht lassen. Er will das perfekte Ergebnis, Produkt, Design etc. Viele Künstler entsprechen dem A-Typ.

Lebensmotto: „Vertrauen ist gut, Kontrolle ist besser!"

Seine Stärken:

+ geht strukturiert an Aufgaben heran
+ arbeitet präzise und beendet, was er anfängt
+ besitzt ein hohes Engagement für die Sache
+ löst gerne komplexe Aufgaben
+ ist sehr verantwortungsbewusst, loyal und hält sich an Regeln
+ ist taktvoll und diplomatisch
+ kann Genie, Intellekt und Freude an Ästhetik in einer Person verbinden

Seine Schwächen:

– ist skeptisch und misstrauisch, sucht nach Fehlern
– kann durch seine Fragen kritisch und rücksichtslos wirken
– lässt sich von unwichtigen Details aufhalten
– überfordert andere und verlangt „Unmögliches"
– ist zögerlich und verbringt zu viel Zeit mit Planen
– neigt zur Unzufriedenheit und zum Pessimismus
– ist schnell gekränkt

Woran erkenne ich den A-Typ?

Die Körpersprache ist distanziert, beherrscht und kühl, dadurch fast abweisend. Er hält Abstand, die Haltung ist fest, der Augenkontakt direkt. Er gestikuliert eher wenig und setzt seine Mimik verhalten ein. Selbst wenn er begeistert ist, ist ihm das an der Körpersprache nicht anzusehen. Der A-Typ spricht eher langsam und bedächtig und überlegt sich genau, was er sagt. Die Stimme ist ruhig und nachdenklich, bisweilen monoton. In der Wortwahl setzt er auf Fakten. Er will „Beweise" und betont die Sicherheit. Der A-Typ geht mit kurzen, aber festen Schritten auf andere zu. Sein Händedruck ist kurz und fest. Er kann über längere Zeit in der gleichen Stellung bleiben.

Der A-Typ in der Küche – und beim Kauf

Küchen-Wünsche des A-Typs:

... isst nach Ernährungsplan und kennt alle Zutaten

... richtet die Speisen auf dem Teller schön an

... kauft Küchengeräte, die ihm wirtschaftlich und nützlich erscheinen

... stellt als Analytiker sachkundige und tiefer gehende Fragen

... schätzt hohe Professionalität des qualifizierten Fachhandels

... hat es gern und umfangreich schriftlich, mit Listen, Grafiken und Zahlen

... verlangt guten Kundendienst

Typische Fragen des A-Kunden:

„Führen Sie das Produkt und können Sie es mir zeigen/erklären?"

„Wo wird dieses Gerät hergestellt?"

„Wie empfindlich ist die Oberfläche? Geht das schnell kaputt?"

„Ich bin nicht sicher, dass ich das verstanden habe. Könnten Sie mir das näher erklären?"

„Was können Sie über dieses Gerät noch sagen?"

„Was passiert, wenn die Küche oder einzelne Geräte nicht pünktlich geliefert werden?“

„Sind Sie sicher, dass das Gerät alles hält, was Sie versprechen?“

„Wie sieht die Energieeffizienz des Geräts aus?“

„Was kosten mich eine Garantieverlängerung und ein Wartungsvertrag?“

„Wie lange kann man noch Ersatzteile nachkaufen?“

„Ist das Gerät baugleich mit XY?“

Fragen in Bezug auf BORA Kochfeldabzüge:

„Wie funktioniert BORA, Dunst steigt doch nach oben?“

„Welche Möglichkeiten habe ich, mit BORA Ab- oder Umluft zu planen?“

„Wie oft muss der Umluftfilter gewechselt werden?“

„Wie viel Platz benötige ich für Professional/Classic/Basic?“

„Wo sind die Unterschiede zwischen Professional, Classic und Basic?“

„Was passiert, wenn große Mengen Flüssigkeit hineinlaufen?“

„Kann ich Oberschränke darüber planen?“

„Was ist mit Feuchtigkeit bei Umluft?“

„Was passiert, wenn mir ein Topf herunterfällt und das Glas kaputt ist, muss ich dann alles austauschen?“

„Wie ist der Service von BORA geregelt?“

Diese BORA Argumente überzeugen den A-Typ:

- BORA konzentriert sich seit zehn Jahren ausschließlich auf die Entwicklung neuer und die Weiterentwicklung bestehender Produkte.
- BORA verfügt über ein eigenes Prüflabor, um jedes Detail im Blick zu behalten und selbst zu überprüfen.
- BORA bietet ein System von A bis Z, alles aus einer Hand.
- BORA bietet Funktionsgarantie.
- Der BORA Planungsservice stellt sicher, dass jede BORA Anlage beim Endkunden funktioniert.
- BORA ist „Made in Germany and Austria“: BORA ist Hersteller aus Deutschland/Bayern/Raubling und fertigt ausschließlich in Deutschland und in Österreich, um so höchste Qualität gewährleisten zu können.
- Sie können sich auf mybora.com registrieren lassen und die Garantie um ein Jahr verlängern.
- Ich selbst habe mich bei der Schulung von BORA überzeugen können, ich weiß, worauf es ankommt.
- Das Prinzip BORA folgt physikalischen Regeln.
- BORA verwendet ausschließlich hochwertige, robuste Materialien, die langlebig sind.
- BORA hat einen eigenen Kundenservice, der flächendeckend ist und sehr schnell reagiert.
- BORA hat die Unbedenklichkeit des Kochens in Umluft vom unabhängigen Institut SLG Prüf- und Zertifizierungs GmbH, Hartmannsdorf, prüfen lassen.
- Bewegt man sich mit dem Raumklima innerhalb der Behaglichkeitsgrenzen, wird die kritische Luftfeuchte für mögliche Feuchtigkeitsschäden von 80 Prozent rel. Feuchte nicht überschritten.
- Bei Einhaltung aktueller Baunormen und der Energieeinsparverordnung (EnEV und DIN 4108) in Alt- und Neubauten und bei einem behaglichen Wohnraumklima ist bei Verwendung von BORA Umluftsystemen Schimmelbildung ausgeschlossen. Holz- und Küchenbauteile sowie sonstige Bauteile werden dadurch nicht beeinträchtigt.

Der A-Typ im Verkaufsgespräch

Der A-Typ steht für analytisch abwägend, anspruchsvoll.

So klappt die Kommunikation mit dem A-Typ

- Zeigen Sie sich sehr offen, freundlich und herzlich.
- Seien Sie immer gut vorbereitet beziehungsweise erwecken Sie auf jeden Fall einen überzeugenden Eindruck.
- Legen Sie im Gespräch immer wieder Sprechpausen ein.
- Verwenden Sie viel Datenmaterial.
- Argumentieren Sie stets faktenorientiert und logisch.
- Konzentrieren Sie sich auf Details.
- Klären Sie Einwände gründlich und ausführlich.
- Unterstreichen Sie Ihre Qualität, Verlässlichkeit und Sicherheit.
- Denken Sie immer daran, dass ein A-Kunde nur dann kaufen wird, wenn er davon überzeugt ist, die beste und sicherste Lösung für sich zu bekommen.

Was beim A-Typ zu vermeiden ist:

- Weichen Sie seinen Fragen nicht aus und beantworten Sie diese immer präzise.
- Versuchen Sie nicht, zu schnell zum Abschluss zu kommen.
- Treten Sie ihm keinesfalls zu nahe und besprechen Sie nichts Privates mit ihm, ohne sich vorher näher kennengelernt zu haben.
- Berühren Sie ihn nicht und vermeiden Sie allzu persönliche Gesten.
- Sprechen Sie nicht laut, treten Sie nicht aggressiv-dominant auf.
- Seien Sie nicht übertrieben freundlich und verzichten Sie darauf, ihn zu „beschwatzen“.

Die Gestaltung der Verkaufsphasen

1. Phase: Vertrauensaufbau

- Stellen Sie von Anfang an Kompetenz und Zuverlässigkeit in den Vordergrund.
- Untermauern Sie Ihre Kompetenz durch Angabe Ihrer Weiterbildungen (zum Beispiel durch das Sichtbarmachen von Zertifikaten)
- Vermeiden Sie Small Talk und die Preisgabe persönlicher Details sowie körperliche Berührungen.
- Weisen Sie auf Prüfergebnisse hin.

2. Phase: Bedarfsanalyse

- Gehen Sie strukturiert und mit Gesprächsleitfaden vor.
- Machen Sie viele Notizen und Haken.
- Nehmen Sie sich Zeit, um herauszufinden, was der Kunde für eine Entscheidungsfindung benötigt.
- Geben Sie unter Umständen schon gleich Unterlagen mit.
- Nehmen Sie sich sehr intensiv Zeit für die Bedürfnisanalyse.
- Stellen Sie viele offene Fragen.

3. Phase: Präsentation

- Geben Sie einen Ausblick auf die bevorstehende Präsentation und schaffen Sie Transparenz.
- Haben Sie alles gut vorbereitet und griffbereit.
- Beantworten Sie alle Fragen ausführlich.
- Untermauern Sie Ihre eigenen Aussagen durch Zahlenmaterial.
- Stellen Sie die Qualität der Produkte/der Dienstleistung in den Vordergrund und belegen Sie diese.

4. Phase: Abschluss

- Bieten Sie höchstens eine Alternative an, wenn überhaupt.
- Planen Sie ausreichend Zeit ein.
- Weisen Sie auf Probleme hin, die entstehen können.
- Beziehen Sie den Sicherheitsaspekt mit ein.
- Gehen Sie alle Details nochmal durch.
- Bleiben Sie beharrlich und bringen Sie Geduld mit.

Von Typ zu Typ: Kommunikation des A-Typs mit anderen Typen

B-Typ mit A-Kunde: Beantworten Sie alle Fragen selbstbewusst. Seien Sie gut vorbereitet mit Zahlen und Fakten. Nehmen Sie die kritische Art des A-Typs nicht persönlich.

O-Typ mit A-Kunde: Vermeiden Sie körperliche Nähe oder Berührungen. Verzichten Sie auf Small Talk, halten Sie sich zurück und hören Sie zu. Erzählen Sie keine Geschichten und lassen Sie Sprechpausen, um dem A-Typ Zeit zu geben.

R-Typ mit A-Kunde: Drängen Sie nicht und setzen Sie ihn nicht unter Druck. Gehen Sie langsam vor, liefern Sie reichlich Daten und Fakten und erwecken Sie den Eindruck, sich ausführlich auf das Gespräch vorbereitet zu haben.

A-Typ mit A-Kunde: Die beiden werden keine Schwierigkeiten haben.

Die Welt des A-Typs

BORA ist der Spezialist für Kochfeldabzüge.

Beste Materialien - 100 Prozent Edelstahl

BORA eigenes Prüflabor

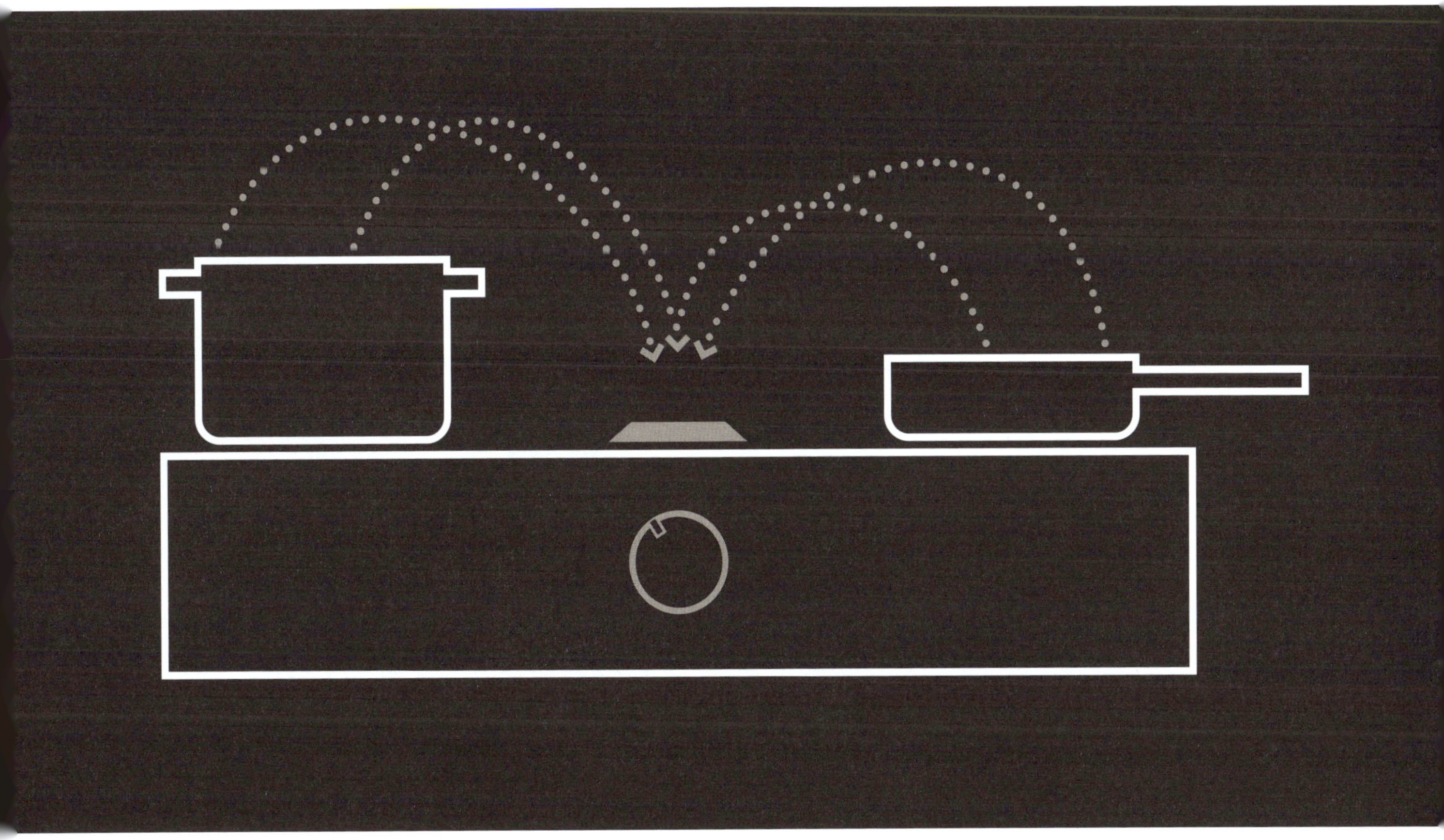

Das Prinzip BORA folgt physikalischen Regeln.

6

EINE MARKE MIT CHARISMA

Eine Marke mit Charisma

Kann eine Marke Charisma haben? Kann es einem Unternehmen gelingen, Mitarbeiter, Handel und Kunden so zu begeistern, dass die bloße Nennung des Namens ein wohltuendes Gefühl von Kompetenz, Vertrauen und echter Partnerschaft vermittelt?

„Charisma ist eine zugeschriebene Eigenschaft. Man kann nicht von sich selbst sagen: ‚Ich habe Charisma.' Das machen andere."

Julia Sobainsky, Buchautorin und Charisma-Trainerin

Marken haben ihre Geschichte, die sie auszeichnet und die ihren Charakter und ihr Handeln bestimmt. Daraus kann eine Markenpersönlichkeit mit einem ganz besonderen Nimbus erwachsen; Unternehmen und Produkte strahlen ein Charisma aus. Und wie immer sind es vor allem die Menschen, die ein solches Unternehmen prägen. Bei Bora sind das der Initiator und Gründer Willi Bruckbauer, die Mitarbeiter und die Handelspartner.

Wille und Vision

Willi Bruckbauer stammt aus einer traditionsreichen Handwerkerfamilie im oberbayrischen Raubling, unweit des Wendelsteins und des Chiemsees. Alle Bruckbauers – Vater, Großväter und auch die Urgroßväter – waren selbstständige Schreinermeister und arbeiteten im Familienbetrieb. Ebenso wie die Liebe zum Handwerk vererbten sie dem männlichen Nachkommen den Vornamen, und das seit acht Generationen. Auch dem jungen Willi Bruckbauer wurde das Geschick für die Fortsetzung der familiären Tradition mitgegeben.

So begann der Fünfzehnjährige gleich nach der Mittleren Reife eine Ausbildung zum Schreiner. Im Anschluss machte er seinen Meister. Mit einem Kurs zum Betriebswirt des Handwerks an der Handelskammer in München vervollständigte er seine Ausbildung. Bruckbauer junior arbeitete in der väterlichen Schreinerei mit einem Planungsbüro für Küchen und Innenausbau. Er plante und verkaufte Küchen, der Vater fertigte sie.

Willi Bruckbauer war schon früh vom Entwicklungspotenzial der Küche als zentralem Raum im Haus überzeugt. In Form eines spezialisierten Planungsbüros für Massivholzküchen versuchte er, diese Überzeugung in die Tat umzusetzen – zielgerichtet und konsequent.

Denn in modernen Haushalten führt die Küche längst kein Nischendasein mehr. Schritt für Schritt hatte sie sich aus ihrer „Stiefkind-Existenz" der 50er- und 60er-Jahre befreit, wie es die Architektin und Küchenplanerin Anna Philipp formuliert. Menschen, die sich eine Küche kaufen, wünschen sich zunehmend mehr Offenheit und Licht, miteinander kommunizierende Räume und mehr Individualität in der Ausführung.

Doch wie vermittelt man die eigenen Ideen, erweitert man den Interessentenkreis und gewinnt neue Kunden? Zunächst gestaltete Willi Bruckbauer eine erste Musterküche aus Naturholz mit einer Kochinsel für das Herz des Hauses. Er setzte dabei auf hochwertige Materialien, erstklassige Geräte, ein einzigartiges Design. Mit dieser Modellküche bezog er im März auf der Internationalen Handwerksmesse und im Dezember auf der Messe Heim & Handwerk, beide in München, jeweils einen kleinen Stand und wartete inmitten der vorbeiströmenden Besuchermassen auf Kunden, die den Blick für das Besondere hatten. „Viele liefen vorbei, aber wenn einer stehenblieb und sich mit meiner Küche befasste, dann hatte ich ihn." Er diskutierte mit den Standbesuchern ihre Ideen und Wünsche und demonstrierte anhand eines Koffers mit ausgesuchten Materialien – etwa besonderen Hölzern wie Birne, Apfel oder Olive –, welche Küchen-Perspektiven sich jenseits von Standardlösungen und Einheitsware eröffneten.

„Mir wurde früh klar, dass es nur zwei Wege gibt, erfolgreich Küchen zu verkaufen: Entweder ich bin billiger, oder ich gestalte anders und schöner. Ich entschied mich für Variante 2, da ist die Konkurrenz nicht so groß."

Willi Bruckbauer

Auf dem Weg zur neuen Küche

„Küchenkauf ist absolute Vertrauenssache. Schließlich ist dieser Raum ein zentraler Bereich, der über Jahre das Wohnen mitbestimmt. Außerdem sind Kunden, die eine individuell geplante Küche wünschen, bereit, dafür ein kleines bis großes Vermögen auszugeben. Umso wichtiger ist es für sie, dass sie sich bei ihrem Küchenplaner gut aufgehoben fühlen", weiß Willi Bruckbauer.

So konnte er in seinen Anfangsjahren über die Messen Jahr für Jahr eine kleine, feine Kundschaft um sich versammeln, die ihre Träume von Wohn- und Lebensqualität vertrauensvoll in die Hände des Raublinger Küchenbauers legten. Sein Auftragsbuch war bis zur nächsten Messe immer gut gefüllt. Es sprach sich allmählich auch über die Grenzen Bayerns hinaus herum, „dass der Bruckbauer wirklich gute Küchen bauen kann".

Auf der Basis dieser Anfangserfolge wollte er im nächsten Schritt einen Platz schaffen, an dem er seine Ideen in einem größeren Rahmen und an einem festen Standort präsentieren konnte und nicht mehr nur „aus dem Koffer heraus". Die Kunden sollten hier auch für die anderen Wohnbereiche umfassend beraten werden, und dies unter einem Dach. Denn ein Kunde, der baut oder renoviert, braucht nicht nur eine Küche, sondern auch ein Bade- und/oder ein Schlafzimmer, einen Wohnbereich, einen Boden, einen Ofen und vieles mehr.

So wurde im November 2000 das werkhaus in Raubling eröffnet. Das Motto des werkhauses lautete von Anfang an: „Lebensart verbindet". Synergien werden aktiv genutzt, jedes Unternehmen profitiert vom anderen, Know-how kann fließen, Weiterentwicklung stattfinden. Dieses Kompetenzzentrum für exklusiven Innenausbau ist ein Zusammenschluss von heute 17 selbstständigen Unternehmen, die sich perfekt ergänzen.

Ganz zufrieden war der Küchen-Innovator damit noch immer nicht, noch gab es eine weitere Herausforderung. Schließlich bestand nach wie vor das Problem mit den lästigen Dunstabzugshauben, die sowohl die Flexibilität in der Küchenplanung wie die Lebensqualität des Kunden einschränkten. Die Abzugshauben standen der perfekten offenen Küche weiterhin im Wege. Sie störten die Optik und die freie Sicht, machten viel zu viel Lärm, ließen Brillen beim Kochen beschlagen und man konnte sich an ihnen den Kopf anstoßen.

we

khaus

Dieser Problemfaktor in der Wunschküche trieb Willi Bruckbauer weiter an. Auch in dieser Hinsicht unterschied er sich von der etablierten Konkurrenz und den Marktführern, die das Prinzip des Abzugs über dem Kochfeld nicht infrage stellten. Dabei hatte der Trend zur offenen Wohnküche, in der die herkömmliche Abzugshaube ein Hindernis darstellte, längst begonnen.

Von der Vision zum Erfolg

„Gefragt sind offene, fließende Räume, in denen Küche und Essen verschmelzen und die Räume miteinander kommunizieren."

Anna Philipp, Architektin

An dieser Entwicklung orientierte sich Willi Bruckbauer bei seinen Überlegungen für eine Alternative zu der als sperrig und störend empfundenen Standardlösung. Die Neuheit sollte auch wirksamer sein als jene Muldenlüfter, Hublüfter oder Downdraftsysteme, die bereits existierten, aber nicht richtig funktionierten. Noch entschied sich kaum ein Kunde für direkte Ablüftungen am Kochfeld oder sogenannte Hublüfter, die hinter dem Kochfeld hochfuhren. Sie waren zu laut und wenig leistungsfähig, benötigten viel Platz. Und sie waren umständlich zu reinigen oder schlossen nicht flächenbündig mit den Kochfeldern ab.

Ausstellungsbereich werkhaus innen

Schritt für Schritt machte sich Willi Bruckbauer daran, diese Schwachstellen auszumerzen. Statt die heiße Luft, den Dampf und die Ausdünstungen von in der Pfanne brutzelndem Fisch oder Fleisch über rechtwinklige Knicke im Lüftungskanal abzuführen, gestaltete er den Abzugskanal so, dass keine Verwirbelungen entstehen konnten. Der Vorteil lag auf der Hand: So ließ sich ein kleinerer Motor einsetzen, der leiser war, weniger Platz benötigte und weniger Energie verbrauchte. Die neuen Systeme erzeugten nun eine Querströmung, die stärker ist als die Geschwindigkeit, mit der der Dunst aus Töpfen und Pfannen nach oben steigt. Das ist reine Physik, die für sich spricht.

„Ein Produkt funktioniert, wenn ich dem Kunden etwas Neues zeige und sie oder er dann sagt: ‚Ja, logisch!'"

Willi Bruckbauer

Willi Bruckbauers Antrieb ist noch heute, das perfekte Produkt zu entwickeln und anzubieten. Ursprünglich war die Gründung eines eigenen Küchengeräteunternehmens gar nicht geplant (Bruckbauer: „Ich bin Schreiner und kein Industrielenker."). Doch die etablierten Industriefirmen winkten ab, sie verschliefen damals regelrecht den Wandel. Von den großen Haushaltsgeräteherstellern, denen er auf der Suche nach Partnern seine Innovation präsentierte, erhielt er nur Absagen. Die Konzerne scheuten das Risiko, in eine neue Technologie zu investieren. Sie orientierten sich rein an den Absatzzahlen von bestehenden Muldenlüftern, die damals vorlagen. Für den engagierten Küchenplaner war klar: Wenn andere nicht bereit sind, muss ich meinen Weg selbst gehen. Also legte Bruckbauer alleine los.

2005: erste Skizzen

Frischer Wind für die Küche: der Name

Im Januar 2007 konnte Willi Bruckbauer seine Abzugsinnovation als Patent anmelden. Nun brauchte das Kind aber auch noch einen passenden Namen! Das physikalische Prinzip – die Kochdünste durch eine stärkere Querströmung nach unten zu ziehen – sollte sich dabei idealerweise wiederfinden. Zudem sollte die Firmenbezeichnung natürlich kurz, einprägsam, dynamisch und international verständlich sein. „Bora" passte perfekt, denn dabei handelt es sich um den stärksten Fallwind der Erde. Er stürzt sich durch die Karst-Täler Kroatiens bis an die Küste und aufs Meer – eine gewaltige Kraft und ein eindrucksvolles Symbol für das BORA Prinzip.

Es erwies sich, dass der Name für Küchen und Dunstabzüge noch nicht geschützt war. Lediglich ein Automobilhersteller verwendet ihn für Autos, aber nicht für Lüftermotoren.

Passender Name zum richtigen Produkt – jetzt fehlte nur noch so ziemlich alles, um den Kochfeldabzug erfolgreich auf den Markt zu bringen: Investitionen, Produktionsanlagen, Mitarbeiter und vor allem engagierte Händler, die die BORA Produkte verkaufen wollen. Doch das ist ein neues Kapitel der BORA Geschichte.

Starke Partnerschaft

Ganz alleine legte der BORA Gründer allerdings nicht los. Ein gutes Netzwerk und ein engagiertes Team sind unerlässliche Voraussetzungen für den Erfolg eines jungen Unternehmens. So haben von Beginn an viele Weggefährten und Mitstreiter den BORA Markterfolg begleitet. Sie alle aufzuzählen würde ein eigenes Buch füllen. Sie entstammen einem stetig wachsenden Netzwerk, das sich als Schlüssel zum Erfolg erweisen sollte.

Die ersten Schritte des jungen Unternehmens begannen im unmittelbaren Umfeld: Sein Schwiegervater, „ein Beamter mit unendlich viel Zeit" (Bruckbauer), baute erste Muster aus Karton. Der Vater des besten Freundes, ein Metallbauer, stellte in seiner Freizeit die ersten Modelle aus Metall her. Dazu kam der Lebensgefährte einer Mitarbeiterin Bruckbauers, der sich dann als erster Mitarbeiter um den Innendienst kümmerte.

Zu den Weggefährten und Mitstreitern gehören aber auch die Handelspartner der ersten Stunde, die ein völlig neues und unbekanntes Produkt in den Küchen ihrer Endkunden verplanten und Bruckbauer vertrauten. Und natürlich die Endkunden selbst, die sich zu diesem Zeitpunkt nicht sicher sein konnten, ob es BORA in fünf Jahren überhaupt noch geben würde.

Überzeugungstäter

Nicht wenige der frühen Unterstützer gingen selbst Risiken ein, weil sie für BORA ihre sicheren Jobs aufgaben oder weil sie einfach an die noch fantastisch erscheinende Idee glaubten, so wie etwa der Inhaber des Kochfeldwerks, das die ersten Professional-Kochfelder herstellen sollte.

Willi Bruckbauer wollte ursprünglich mit gleich fünf verschiedenen Kochfeldtypen starten. Anhand einer einfachen Excelliste hatte er berechnet, dass er mit den Handelspartnern aus seinem Netzwerk zunächst einen Absatz von ca. 1.000 Stück pro Jahr erreichen könnte. Doch schnell kam die Ernüchterung: Allein die Mindeststückzahl pro Kochfeldtyp lag bei 4.000 Stück, insgesamt wären das also 20.000 Kochfelder statt der angepeilten 1.000 gewesen!

Der Inhaber des Kochfeldwerks war aber so angetan von dem ideenreichen und unerschrockenen Küchenschreiner aus Raubling, dass er einen Weg suchte, das ungewisse Projekt zu unterstützen. So einigten sich die beiden auf einen Lieferantenvertrag, der es Willi Bruckbauer ermöglichte, kleine Chargen nach und nach abrufen zu können. Sollte das Prinzip BORA wider Erwarten doch nicht funktionieren, müsste er „lediglich“ die Komponenten und Baugruppen zu Bauteilpreisen ablösen. Dies hätte zwar einen massiven Einschnitt in die Finanzen des Firmengründers bedeutet, erschien aber finanzierbar. Die Produktion der ersten BORA Kochfelder konnte beginnen! Heute ist BORA der größte Kunde dieses Kochfeldwerks.

Die mit den leuchtenden Augen

„Es ist schon seltsam: Immer wenn von BORA die Rede ist, bekommen die Mitarbeiter, die Händler und die Käufer leuchtende Augen."

Johann Lafer

Das Herz von BORA ist die Summe seiner Mitarbeiter. Mit ihrem Engagement und ihrer Überzeugung arbeiten sie für die Revolution in der Küche. BORA setzt auf die Werte Konzentration, Differenzierung, Verlässlichkeit, Heimatverbundenheit, Premium, Dynamik und Einfachheit. Diese werden von der Unternehmensführung vorgelebt, von neuen Mitarbeitern erlebt und von allen gemeinsam gelebt. BORA will nicht weniger sein als der „attraktivste Arbeitgeber in der Region". Und dafür wird einiges getan.

„Ich finde es schön, wenn die Wertschöpfung in der Region stattfindet und die Kinder dort, wo sie aufwachsen, in die Lehre gehen können."

Willi Bruckbauer

Schon Laotse wusste: „Lernen ist wie schwimmen gegen den Strom, hört man damit auf, treibt man zurück.“ BORA hat diesen Gedanken verinnerlicht und will deshalb das Potenzial der Führungskräfte und des gesamten Teams stetig fördern, denn diese Investitionen lohnen sich. Interne Bildungskonzepte, abgerundet mit externen Seminarangeboten, gehören deshalb zur gezielten Mitarbeiterförderung. Durch Ausbildung, Trainee- und Führungskräftetrainings erarbeiten die Mitarbeiter gemeinsam individuell ausgestaltete Karriereprogramme. Denn Erfolg für den Einzelnen bedeutet Erfolg für das Team!

Gleichzeitig ist man bestrebt, das Unternehmen ständig zu verbessern. Dies findet sich im BORA Verbesserungs Prozess (BVP) wieder. Jeder Mitarbeiter kann dazu individuell etwas beisteuern, was durch zusätzliche Erfolgsvergütungen belohnt wird.

Aktive Gesundheitsförderung steht ebenfalls auf dem Programm: Zweimal im Jahr finden Fitnesswochen statt. Einmal pro Woche kochen Mitarbeiter für die Kollegen ein Mittagessen nach den Regeln des BORA Ernährungsplans und den 10 | 10 Rezepten, mit regionalen Lebensmitteln in Bio-Qualität. Außerdem bekommen Mitarbeiter Tipps, wie sie sich richtig bewegen und trainieren können.

BORA ist sich sicher, dass Leistung und Erfolg zu mehr Freude an der Arbeit führen und dass gemeinsam Erreichtes wesentlich zur Motivation beitragen kann. Eine Motivation, die auch die Handelspartner und der Endkunde spüren.

Das ganze BORA Team
beim Teamabend im
Dezember 2016

„Du musst Menschen mögen. Alles andere bringe ich dir bei."

Damit überzeugte mich Willi Bruckbauer, als ich bei meinem Bewerbungsgespräch kurz zögerte, ob ich der Aufgabe als Küchenplanerin und seinen Anforderungen wirklich gewachsen wäre.

Zum Küchenverkauf kam ich, weil Sonntag war, weil es regnete und mich ein ganz bestimmtes Gebäude im oberbayerischen Raubling nicht mehr losließ. Im November 2002 hörte ich zum ersten Mal von diesem „werkhaus" mit seiner ganz speziellen Architektur und Linienführung: rund sei es, mit viel Holz und Glas und voller schöner Dinge rund ums Bauen, Wohnen und Einrichten. Man könne es auch sonntags besuchen, und im Café gäbe es immer selbstgebackenen Kuchen und den besten Kaffee am Ort.

Als ich die Ausstellung betrat, war das Liebe auf den ersten Blick. Neben verschiedenen Gewerken gab es dort zwei Küchenstudios zu besichtigen: Schreinerküchen und die eines sehr bekannten Markenherstellers. Diese Küchen waren anders als andere, – ungewöhnlich, dabei sehr einladend und ästhetisch. Die Ausstellung faszinierte mich so sehr, dass ich noch an diesem Nachmittag beschloss, meiner Tätigkeit als Produktentwicklerin für einen Sportartikelkonzern den Rücken zu kehren, um mich in diesem Haus zu bewerben.

Über das Internet fand ich heraus, wer das werkhaus errichtet hatte und die beiden Küchenstudios betrieb, und schrieb ihm: „Sehr geehrter Herr Bruckbauer, bei Ihnen ist es so schön, ich möchte gerne für Sie arbeiten, was kann ich tun?" Diese E-Mail sollte meinen beruflichen Weg nachhaltig verändern. Sie war der Einstieg in den schönsten, spannendsten und vielseitigsten Raum, den ein Haus oder eine Wohnung zu bieten hat: die Küche.

In der Küchenbranche gibt es die Redensart: „Einmal Küche, immer Küche." Wenn du erst einmal in die Küchenbranche eingetaucht bist, gibt es kein Zurück mehr. Das können wohl nur Menschen verstehen, die sich diesem Geschäft verschrieben haben. Dabei gibt es ja keine formelle Ausbildung zum „Küchenverkäufer" oder „Küchenplaner". Oft führt das Schreinerhandwerk oder ein Architekturstudium in die Küchenbranche, mancher findet auch als Quereinsteiger seinen Weg – so wie ich.

Verkaufserfahrung hatte ich bis dahin keine, aber ich sollte den besten Mentor und Lehrer gewinnen.

Willi Bruckbauer ist von ganzem Herzen Küchenplaner und Küchenverkäufer. Im Mittelpunkt steht dabei immer die Idee, dem Kunden eine optimal auf dessen Bedürfnisse abgestimmte Lösung zu liefern; eine Lösung, die zugleich ihm als Planer völlige Freiheit ermöglicht. Dunstabzugshauben hatten ihn hier schon immer gestört.

Die Beseitigung dieses Störfaktors und damit der Weg zu einer schön geplanten Küche ließen ihn nicht los. Daraus entstand BORA, Kochfeldabzugssysteme mit bestmöglicher Effektivität und kundenfreundlicher Bedienung.

Die Entwicklung der BORA Produkte habe ich von Anfang an miterlebt. Auch mich begeistern schöne Küchen noch immer - und ich glaube daran, dass sie in Zukunft ohne Dunstabzugshauben gebaut werden.

Seit mittlerweile zehn Jahren revolutionieren wir nicht nur das Leben und Arbeiten im Herzen des Hauses, sondern prägen und unterstützen nachhaltig den Verkaufserfolg unserer Handelspartner.

Sabine Hils, BORA Academy

Motivation durch Überzeugung

Diese Motivation des BORA Teams überträgt sich aber auch seit Anbeginn auf die Partner im Handel. Sie lassen sich begeistern von der technischen Logik, dem zeitlosen Design, der hochwertigen Ausführung und den überzeugenden Vorteilen für den Küchenplaner wie den Kunden. Und nicht zuletzt vom sehr familären Umgang miteinander und der partnerschaftlichen Zusammenarbeit.

Die ersten 20 Händler kamen noch über das persönliche Netzwerk von Willi Bruckbauer. Doch war es ein mühsamer Weg, Händler über die Grenzen Rosenheims hinaus zu gewinnen, einen eigenen Außendienst gab es ja noch nicht. Da fand das BORA Team eine ungewöhnliche Lösung, die zugleich einen interessanten Service für den Handel bot: Über Google Adwords filterte man Suchanfragen nach Dunstabzügen heraus und leitete diese gezielt an Küchenhändler vor Ort weiter. Die Händler kamen daraufhin auf BORA zu, ließen sich schulen und konnten nun auch BORA Produkte verkaufen. Diese Maßnahme half, das Vertriebssystem in Deutschland kontinuierlich auszubauen.

Das Produkt spricht auch für sich. Das zeigen zwei Beispiele ungewohnter Händlerinitiative: Nach einer Messe in Bielefeld 2007 sprach ein junger Holländer Willi Bruckbauer an. Er war so begeistert von dem System, dass er es in Holland vertreiben wollte. Ein festes Gehalt konnte das Unternehmen damals nicht bezahlen, aber er war so überzeugt, dass er sich auf eine variable Bezahlung einließ. Das war der Beginn des internationalen Vertriebs und des Aufbaus der BORA Vertretermannschaft. Den ersten BORA Außendienstmitarbeiter hat übrigens der Chef eines großen Küchenstudios in Baden-Württemberg empfohlen, auch ein Zeichen dafür, wie gut die Kooperation mit dem Handel funktioniert. Beide sind bis heute für den Marktaufbau in den Niederlanden und Baden-Württemberg verantwortlich, seit nun über zehn Jahren.

BORA
Armin A. Auer

BORA im Gespräch
mit Lothar Freudenreich, Freudenreich Küchen GmbH, Schorndorf

Wie oft kauft man sich im Leben eine Küche?

Nach meiner Erfahrung denke ich, drei- oder viermal. Je nachdem, wie sich die Lebenssituation ändert und wie man sich privat weiterentwickelt.

Was hat Sie bewogen, sich für BORA zu entscheiden?

Ich kenne Willi Bruckbauer schon seit rund 16 Jahren. Muldenlüfter kenne ich noch länger. Die BORA Systeme haben mich dann in Sachen Funktionalität, Design und Ästhetik sofort überzeugt. Für einen Küchenplaner sind sie ein Geschenk. So wurde ich Handelspartner der ersten Stunde mit der Kundennummer 8!

Was macht Bora besser als die Konkurrenz?

In erster Linie ist das Produkt einfach gut. Sonst wäre dieser Erfolg niemals zustande gekommen. Natürlich macht BORA in Sachen Produkt-Vermarktung auch alles sensationell gut.

Wie bewerten Sie die Kommunikation mit BORA?

Sehr gut, auch weil „alles in der Familie bleibt“. Der erste Außendienstmitarbeiter kam durch meine Empfehlung zu BORA. Und unser langjähriger Monteur Gerhard Schopp macht nun auch Montageschulungen für BORA. Wir unterstützen uns gegenseitig, wo wir können.

Worin bestehen die Anforderungen eines Kunden an seine maßgeschneiderte Küche und damit an Sie als Planer?

Diese sind recht vielseitig und umfangreich. Im Wesentlichen geht es darum, den Kunden und dessen individuelle Bedürfnisse in den Mittelpunkt unseres Handelns zu stellen. Wir müssen also gut zuhören, seine Wünsche erfassen und ihm dann seinen individuellen Lebensstil inszenieren. Soll heißen, ihm durch seine von uns geplante und gebaute Küche die Bühne zur Selbstinszenierung bieten. Wichtig ist: Stets offen, ehrlich und transparent sein, dann klappt es auch mit Problempunkten wie Budget und Raum.

Welche Lösungen können Sie anbieten?

Vielseitige. Wobei bei den planerischen Aspekten der Kochfeldabzug sehr große Freiheiten in Bezug auf Variabilität und Küchendesign ermöglicht. Auch hinsichtlich des Budgets bietet BORA mit der Basic-Produktlinie hervorragende Lösungsansätze.

Wie arbeiten Sie am besten mit Ihren Kunden?

Den typischen Kunden gibt es ja gar nicht. Bei den Menschen, die zu uns kommen, ist mir eine gewisse Seriosität, Besonnenheit, die Liebe zu gutem Design und ein hohes Maß an Vertrauen in Fachkompetenz aufgefallen. Für uns ist es wichtig, uns immer so gut wie möglich in den Kunden hineinzudenken, um Bedürfnisse und Problemstellungen aus seiner Sicht zu verstehen. Das klappt meistens recht gut. Wenn nicht, ist es gegebenenfalls auch mal besser, keine Zusammenarbeit anzustreben.

Was sind die häufigsten Kundenfragen, was die Produkte von BORA angeht?

„Funktioniert das denn? Heißer Dampf steigt doch auf, ist das nicht gegen die physikalischen Gesetze?“

Kennen Ihre Kunden die Marke BORA schon, bevor sie zu Ihnen kommen?

Mittlerweile schon. In den ersten zwei bis drei Jahren war das nicht so, da haben wir in Stuttgart und Umgebung echte Pionierarbeit geleistet und die Kunden durch das Kochen in unseren Funktionsküchen von BORA und den herausragenden Luftreinigungsfunktionen überzeugt.

Worin sehen Sie den größten Erfolgsgaranten der BORA Produktlinien?

Im Kundennutzen. Die perfekte Luftreinigung und die planerisch möglichen Lösungen tragen dazu bei.

Wie präsentieren Sie die BORA Systeme?

Wir machen unsere eigenen Kochevents mit V-Zug und kochen dann immer auf BORA. Auch haben wir ein Netzwerk mit diversen Spitzenköchen, die bei uns im Studio kochen.

Wenn Sie den Markt aus Ihrer langjährigen Erfahrung heraus beobachten, haben Sie dann das Gefühl, dass BORA und seinen Handelspartnern noch eine gute und lange Zukunft bevorsteht?

Ich denke schon, denn durch die hohe Marktpräsenz und den Status des Originals hat BORA einen großen Vorteil gegenüber den Mitbewerbern, die gerade im Entstehen sind. Bleiben die Produkte in Zukunft auch so hochwertig und innovativ, was soll da passieren?

Bora Down Under

Der Sprung über den Ozean war zunächst keineswegs geplant. Aber auch hier war es derselbe Beweggrund: die persönliche Überzeugung. 2011 wanderte ein BORA Mitarbeiter nach Australien aus – und legte ein Konzept vor, wie er eine BORA Dependence in Down Under aufbauen wollte. Schon nach einem Jahr kamen tatsächlich regelmäßige Aufträge aus Australien.

Mittlerweile verfügt das Unternehmen aus dem oberbayerischen Raubling über ein weltweit etabliertes Distributionsnetz mit über 6.000 Handelspartnern. Darunter sind große und kleine Küchenstudios, qualitätsbewusste Traditionshäuser und agile Newcomer, zentral gelegene und solche in eher ländlicher Umgebung. Sie alle verbindet ein großes Qualitätsbewusstsein und Engagement für ihre Kunden – und die Überzeugung, dafür in BORA den richtigen Partner zu haben.

„Es geht uns nicht vorrangig darum, die größten Händler als Partner zu haben, sondern die passenden Händler, die das Prinzip BORA engagiert vermitteln und verkaufen."

Willi Bruckbauer

Der Showroom von BORA Cooking Systems Australia, Drummoyne, Sydney, New South Wales

BORA
BORA

7
ERFOLG LÄSST SICH LERNEN

we work for
the cooking
revolution

Erfolg lässt sich lernen

Worin liegt das Geheimnis der Marke BORA? Wie ist es gelungen, sich innerhalb von knapp zehn Jahren einen so guten Ruf als Innovator zu erwerben und sich als der Spezialist für Kochfeldabzüge zu etablieren?

Dabei erscheint die Entwicklung des Unternehmens durchaus exemplarisch für den Weg eines mittelständischen Betriebs, der mit einer klaren Vision, einem unverwechselbaren Profil und einem programmatischen Wertekanon auftritt. Zum anderen können gerade Sie als Partner von BORA diesen Erfolg wesentlich begleiten und vor allem für sich nutzen. Dazu ist es sinnvoll, ja notwendig, diesen Partner auch genauer kennenzulernen und sein Tun besser zu verstehen.

Die Wert-Marke

Der Erfolg eines Unternehmens ist eng verbunden mit einem ausgeprägten Werteverständnis, gekoppelt mit einer Vision. Um dauerhaft erfolgreich zu sein, braucht ein Unternehmen klar definierte Werte und Ziele – und eine Dynamik, die den Markenkern bewahrt und zugleich die Weiterentwicklung fördert.

„Menschen kaufen nicht, was du tust - sie kaufen, warum du es tust!“
Simon Sinek (Frag immer erst Warum)

Diese Werte bilden gleichsam, ganz wie bei einem Hausbau, das Fundament und die Grundmauern. Und hier wie dort gilt: Wenn diese nicht fest im Boden verankert sind, stabil gegen jede Erschütterung, dann wird der weitere Ausbau immer wackelig und zweifelhaft sein. So wie das Haus diese sogenannten Grundfeste braucht, um allen künftigen Stürmen und Widrigkeiten zu trotzen, so ist auch ein verbindlicher Wertekanon für den sicheren Ausbau eines Unternehmens unerlässlich – wenn die Zukunft nicht auf Sand gebaut sein soll!

Wie bei vielen Unternehmen, die klein anfangen, prägte auch Willi Bruckbauer seine Firma mit seinen persönlichen Werten. Anfangs geschah das eher intuitiv, es gab auch keine schriftliche Fixierung dieser Werte. Da spielte die Tradition eines alteingesessenen Handwerksbetriebs mit: Die mündliche Zusage und der Handschlag haben hier noch Gewicht und zählen oft mehr als ausgeklügelte Verträge. Diese Tradition hat für Willi Bruckbauer auch heute noch Bestand. Doch steigende Mitarbeiterzahlen und die unternehmerische Tätigkeit im internationalen Geschäft machen es notwendig, diese Werte zu definieren und sie den Partnern im und außerhalb des Unternehmens zu vermitteln. Und dafür Sorge zu tragen, dass jederzeit im Sinne dieser Werte gehandelt wird. So entsteht eine gelebte Unternehmens- und Markenkultur.

„Inzwischen habe ich es auch schon gelernt, mit Mitarbeitern Arbeitsverträge zu machen. Diesen Aufwand habe ich mit am Anfang immer gespart.“

Willi Bruckbauer

Die BORA Unternehmenskultur basiert auf Werten und Überzeugungen, die im täglichen Handeln gelebt werden. Zu dieser Kultur gehört nicht nur, wie die zwischenmenschlichen Beziehungen verlaufen, wie miteinander kommuniziert wird und wie sich die Mitarbeiter zueinander verhalten, sondern auch, wie das Umfeld mit einbezogen wird. Vielfach wird Markenführung als eine lediglich nach außen gerichtete Disziplin verstanden, die sich primär auf die Kunden bezieht. BORA hat ein ganzheitliches Verständnis, das ebenso die unternehmensinterne Verankerung der Marke mit einbezieht.

„Wir inszenieren unser Produkt und wir transportieren unsere Kernbotschaft und unsere Markenwerte, wo auch immer wir auftreten.“

Willi Bruckbauer

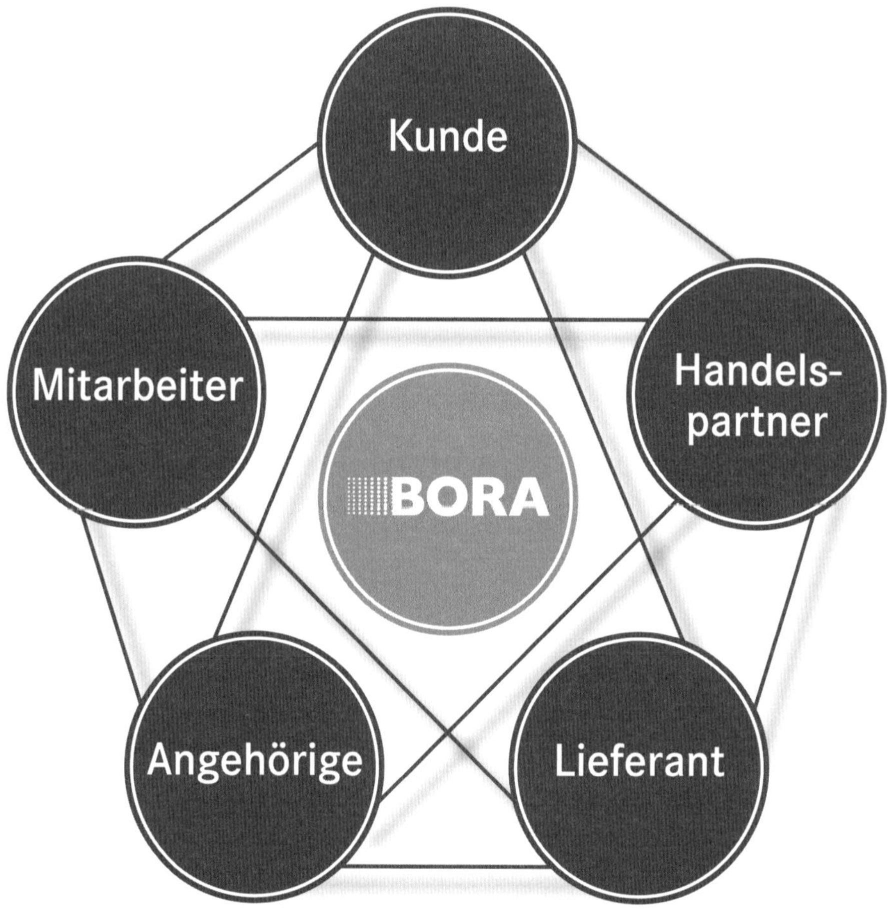

Die Pflege der zwischenmenschlichen Beziehungen ist nach innen und außen gerichtet.

Die drei Ebenen der BORA Unternehmenskultur

- **Grundannahme** = Die tragende Komponente, die ultimative Quelle von Wertorientierungen und Handlungen, im Wesentlichen die persönlichen Werte des Gründers
- **Normen und Werte** = Vision und Mission des Unternehmens, Strategie und Ziele, formulierte Werte
- **Artefakte und Symbole** = Sichtbare Strukturen, Prozesse und Symbole durch Corporate Identity, Firmen-Architektur, Sprache und Verhaltensweisen

Für Unternehmen, speziell Großunternehmen und international tätige Konzerne, mag dieses Aufgabenpaket sinnvoll erscheinen. Doch wie weit ist es auch auf den Küchenverkäufer oder Studiobesitzer zu übertragen? Gerade da haben diese Punkte allerdings eine wesentliche Bedeutung. Denn sie prägen das Profil, die „Persönlichkeit" eines Verkäufers auf diesem Gebiet entscheidend mit.

„Wer nicht lächeln kann, sollte keinen Laden eröffnen."

Chinesisches Sprichwort

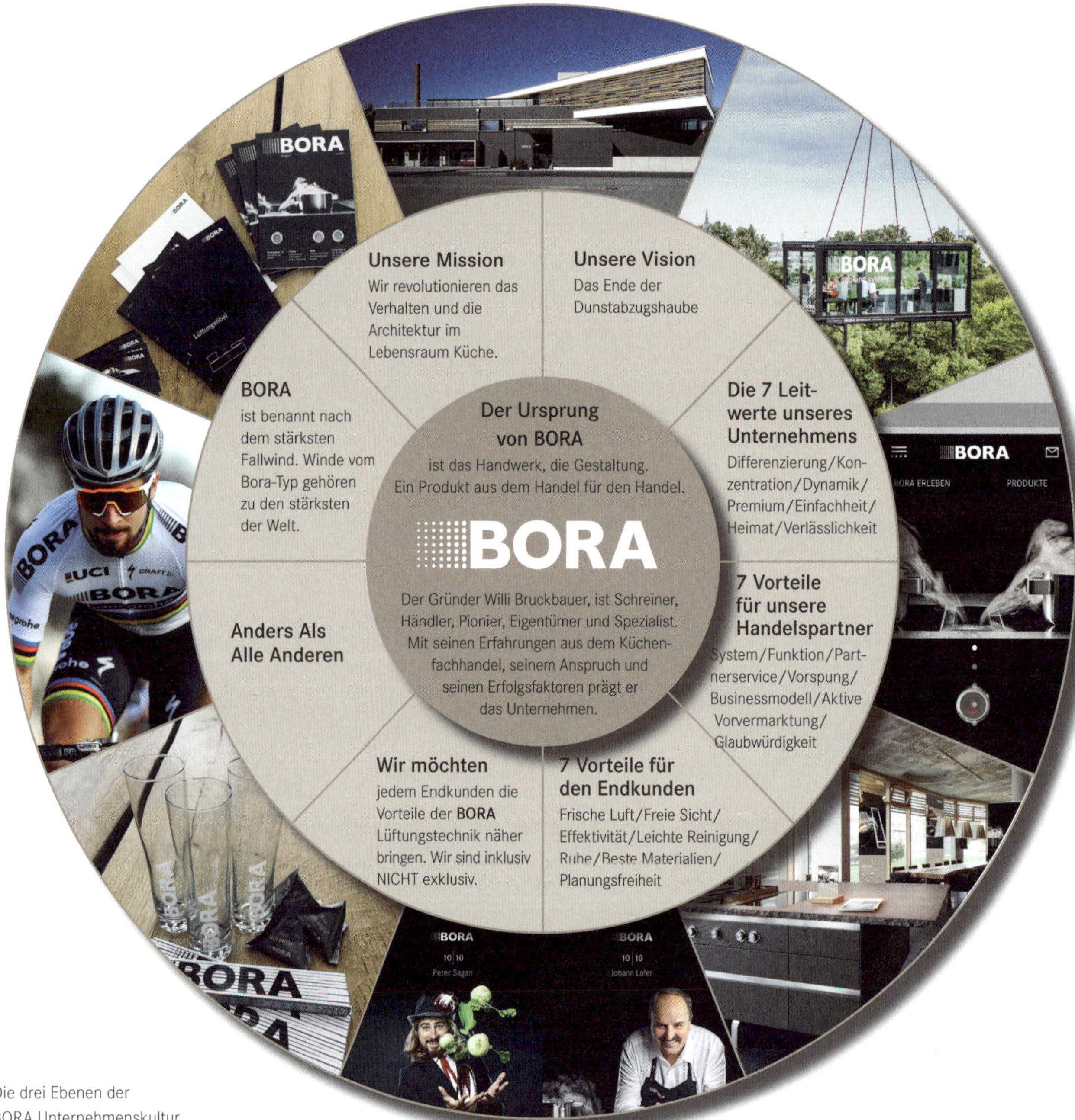

Die drei Ebenen der BORA Unternehmenskultur

BORA Tower, 8. Stock, kurz vor Einzug der Mitarbeiter im Dezember 2015

Image als Orientierungshilfe

Jedes Geschäft und Unternehmen hat ein bestimmtes Erscheinungsbild und Image, das dem potenziellen Kunden schon vor Betreten des Ladens ein bestimmtes Leistungsangebot signalisiert. Je positiver und je unverwechselbarer dieses Profil ist, desto positiver ist die Erwartungshaltung des Kunden und desto deutlicher hebt man sich vom Wettbewerb ab. Dieses Image setzt sich aus vielen Faktoren zusammen, die es immer wieder zu überprüfen gilt.

Wie wichtig die Realisierung eines unverwechselbaren Profils ist, die klare Differenzierung von den Konkurrenten, mögen zwei Beispiele aus der Küchenszene veranschaulichen:

>> Sabine Necker, Küchen Necker in Markt Indersdorf, ist Spezialistin für Küchen auf kleinstem Raum bis zu 12 qm. Sie wurde vom Küchenring zu einem der Küchenplaner des Jahres 2016 gekürt.

>> Josef Lang setzt auf italienische Marken und hebt das Design hervor. Sein Geschäft in der Innenstadt von Graz in Österreich ist eine coole Location, die den Ausstellungsstücken einen perfekten Rahmen liefert. Trotzdem ist Wohnen mehr „als die Sammlung erlesenster Möbel“, wie Lang auf seiner Website schreibt. Aus diesem Grund hat sich Josef Lang für die Geschäftserweiterung nicht ein neues schickes Lokal mit zeitgemäßen Fensterfronten gesucht, sondern macht Hausbesuche, dort, wo seine Kunden leben. Mit dem Versprechen, dass ihnen der Chef immer persönlich zur Verfügung steht.

Selbstverpflichtung: die Werte von BORA

1. Differenzierung
   BORA ist anders. Wir stehen für Differenzierung. Das betrifft unsere Produkte ebenso wie unsere Haltung, unsere Kommunikation und unser Vorgehen im Markt. Wir sorgen für Überraschungen – im Produkt und in unserer Vermarktung. Der BORA Truck, das Radsport-Team, die Fernsehspots – think different.

2. Konzentration
   Wir sind konzentriert und fokussiert. Wir entwickeln Kochfeldabzüge und stecken unsere Energie, unsere Neugier und unsere Kompetenzen nur in dieses Geschäftsfeld. Wir sind nicht abgelenkt. Wir sind Spezialist und nicht Generalist. Wir entwickeln in der Nische, die nun ein eigener Markt ist. Wir sind das Original. Wir sind das Synonym. Wir sind der Kochfeldabzug.
3. Heimat
   Wir sind heimatverbunden. Dazu stehen wir in all unserem Tun. Wir sind weltoffen und verwurzelt. Unsere Mitarbeiter, unsere Produkte sind aus der Region für die Welt. Unsere Qualität ist von hier – ebenso wie unsere Produkte. BORA ist „Made in Germany und Made in Austria". Dazu stehen wir.
4. Dynamik
   Wir sind dynamisch. Wir entwickeln Produkte, Märkte und Menschen. Dynamik ist unser Selbstverständnis. Wir suchen und bieten Chancen und fördern so unsere Mitarbeiter. Dynamisch sind wir in jeglicher Hinsicht – das zeigt unsere Energie, unsere Fitness, unsere Suche nach neuen Herausforderungen.
5. Verlässlichkeit
   Wir sind transparent. Wir sind offen. Wir sind verlässlich. In der Zusammenarbeit mit unseren Partnern und Handelspartnern, in der Entwicklung, in der weltweiten Distribution, mit unseren Mitarbeitern. Wir leben Verlässlichkeit als Wert für die gemeinsame Beziehung.
6. Premium
   Premium bei BORA definiert sich über die exzellente Qualität, den Sinn für Details, den herausragenden Kundennutzen und das eigenständige Design im jeweiligen Segment. So und nicht anders sind wir positioniert. Premium schließt bei BORA die Innovation und Langlebigkeit ein – das manifestiert sich in unserer verlängerten Garantie.
7. Einfachheit
   Wir sind dem Prinzip der Einfachheit verpflichtet. Unsere Produkte sind einfach zu verstehen, einfach zu planen, einfach zu montieren und einfach zu nutzen. Auch in der Marktbearbeitung und internen Organisation verfolgen wir das Prinzip der Einfachheit.

Erfolgsprinzipien

Wie gesagt, diese so definierten und fixierten Werte bestanden schon als ungeschriebene Richtlinien seines Handelns, bevor Willi Bruckbauer das Unternehmen BORA gründete und sich aufmachte, das „Ende der Dunstabzugshaube" zu proklamieren. Vieles versteht sich ja auch von selbst. Doch mit dem wachsenden Erfolg war es notwendig, diese Leitsätze zu dokumentieren, nicht zuletzt zur internen Kontrolle. Sie bilden gleichsam das Gerüst um das Unternehmen und garantieren einen einheitlichen, kontinuierlichen und in sich geschlossenen Auftritt. Darauf ist Verlass, „da weiß man, was man hat". Verlässlichkeit ist ein wichtiger Gesichtspunkt des eigenen Profils, nicht zuletzt in der langfristigen Partnerschaft mit dem Handel.

Um noch einmal das Bild mit dem Hausbau heranzuziehen: Eine Hütte lässt sich vielleicht ohne großen Plan und feste Regeln zusammennageln, doch ein Wohnhaus, und erst recht ein Hochhaus ohne ein solches „Gerüst" aus festgelegten Abläufen, Überlegungen, Vorschriften und Verhaltensregeln zu errichten wäre verantwortungslos und hätte wohl keine Erfolgsaussichten. Selbst ein vergleichsweise kleines Hochhaus wie BORA kommt ohne solche dokumentierten Grundlagen nicht aus. Denn alle Beteiligten müssen wissen, worum sich der Bau dreht – und wohin die (Unternehmens-)Reise gehen soll!

Willi Bruckbauer wurde nicht als innovativer Unternehmer und Revolutionär der modernen Küchenarchitektur geboren. Auch er hat Fehlentscheidungen getroffen und ist Irtümern erlegen. Doch er hat unter anderem gelernt, dass die richtigen Berater notwendig sind, wenn ein junges Unternehmen auf dem Erfolgsweg ist. „Erfahrungen sind eine schöne Sache, nur schade, dass man sie erst hinterher hat", meint er selbstkritisch mit Blick auf die zurückliegenden Jahre. Aber in der Summe hat sich die Entwicklung bewährt und die Konsequenz, mit der die Erfolgsprinzipien praktisch umgesetzt werden.

Als kleine Orientierungshilfe für andere, die für ihr Küchenstudio, für die Beratung und den Verkauf neue Möglichkeiten zu noch mehr Erfolg suchen, hat Willi Bruckbauer die wichtigsten Faktoren seiner Erfolgsstory zusammengestellt.
Eine Rezeptur, die natürlich nach der persönlichen Situation und dem eigenen Geschmack modifiziert werden muss, deren Kernsätze aber über den Einzelfall hinaus Gültigkeit haben:

Erfolgsprinzipien eines Küchenpioniers

- **Fokus** – Suche dir eine Nische und werde dort zum Spezialisten. Erarbeite dir einen Expertenstatus und „glänze“ mit Kompetenz.
- **Differenzierung** – ist der Kern jeder Geschäfts-Strategie. Sie ist die wichtigste Quelle für Vorteile, die dich im Wettbewerb auszeichnen. Denn wer Geld verdienen will, muss für seine Kunden nicht nur eine wertvolle Leistung erbringen, er muss sich von der Konkurrenz abheben und seine Kunden besser bedienen als andere.
- **Konsequenz** – Bleibe deinen Zielen treu, auch wenn es Widerstände gibt. Langfristig zahlt sich Konsequenz immer aus.
- **Glaube** – Glaube an dich und deine Idee, selbst wenn es andere nicht tun und du erst einmal belächelt wirst.
- **Ausdauer** - Nicht Herkunft oder Intelligenz entscheiden über den Erfolg. Es sind Talent, Ausdauer und die Disziplin, dein Ziel zu verfolgen.
- **Netzwerk** Kooperationen und Verbindungen nutzen. Ein verlässliches Netzwerk ist der Inkubator eines Geschäfts, einer Geschäftsidee, und wirkt wie ein Multiplikator für alle Beteiligten.
- **Vertrauen** – ist das A und O, ob Endkunde, Lieferant, Partner oder Mitarbeiter. Vertrauen baut sich nur langsam auf. Aufmerksames Zuhören schafft Vertrauen und liefert zudem neue Ideen.

SCHOTT CERAN
eva solo

8

KOMMT GUT: KOMPETENZ DURCH FOKUS

Kommt gut: Kompetenz durch Fokus

Kaum ein Begriff wird augenblicklich so strapaziert wie „Kompetenz“. Ob Autotechnik oder Stellenbeschreibung, Handwerksbetrieb oder Softwarelösung, Politik oder Pädagogik – alles muss heute dieses bedeutsame Siegel tragen. Allerdings sollte der inflationäre Gebrauch nicht über die wahre Bedeutung von Kompetenz hinwegtäuschen. Und über die Problematik, diese Kompetenz auch überzeugend vermitteln zu können.

Ein Experiment

Joshua David Bell ist laut der *Süddeutschen Zeitung* der „vielleicht brillanteste und seriöseste“ Geiger der Vereinigten Staaten und seit seinem Debüt in der Carnegie Hall im Jahr 1985 mit fast allen bedeutenden Dirigenten und Orchestern der Welt aufgetreten. Am 12. Januar 2008 stellte er sich für ein ungewöhnliches Experiment zur Verfügung. Was wäre, wenn einer der größten Violinvirtuosen der Welt ein Konzert gäbe? Nicht in einem großen Konzertsaal, sondern in einer U-Bahn-Station! Unerkannt und ohne Ankündigung, so wie viele Straßenmusiker. Wie viele würden ihn erkennen? Wie viele würden sein Talent und seine Kompetenz im Violinspiel wertschätzen und angemessen honorieren? In Straßenkleidung, mit einer Baseballkappe auf dem Kopf und seiner Millionen Dollar teuren Stradivari in der Hand stellte der 40-Jährige sich in die U-Bahn-Station L'Enfant Plaza in Washington D.C. und spielte eine Dreiviertelstunde Stücke von Johann Sebastian Bach, Franz Schubert und anderen klassischen Komponisten.

Das Experiment wurde mit versteckter Kamera aufgezeichnet und ergab folgendes Resultat: Von 1097 Personen, die vorbeigingen, sind nur sieben stehengeblieben, um ihm zuzuhören, und nur eine hat ihn erkannt, weil sie Tage zuvor ein Konzert von ihm besucht hatte. Einige haben ihm Geld in den offenen Geigenkasten geworfen, in Summe 32,17 US-Dollar (plus weitere 20 Dollar von der Dame, die ihn erkannt hatte).

Aber nur ein einziger Passant erkannte die musikalischen Fähigkeiten von Bell, ohne ihn selbst zu kennen. Warum? Weil er als Jugendlicher selbst einmal Geiger werden wollte. Er war ein Fachmann auf diesem Gebiet.

Täglich müssen sich Menschen entscheiden, wem sie vertrauen, ob dem Friseur, Zahnarzt, Steuerberater, neuen Kollegen oder Mitarbeitern, ohne es wirklich beurteilen zu können. So geht es auch dem Küchenkäufer. Er muss sich unter einer Vielzahl von Anbietern entscheiden, ohne wirklich zu wissen, welcher der richtige für ihn sein wird. Das Experiment beweist: Kompetenz lässt sich nicht objektiv bewerten. Dabei ist sie doch das bedeutendste Entscheidungskriterium!

So banal es klingen mag: Um die Kompetenz des Küchenverkäufers zu beurteilen, fehlt dem Kunden in der Regel das Expertenwissen – eben die Kompetenz! Deshalb verlässt er sich intuitiv auf die Kompetenz, die er wahrnimmt. Um als Küchenverkäufer sein Geld zu verdienen, bedarf es deshalb besonderer „Kompetenzen" auf unterschiedlichen Gebieten.

Konkret heißt dies: Die eigene Kompetenz zu erweitern bedeutet fortlaufendes Training, sich zusätzlich zu qualifizieren, einen Expertenstatus anzustreben, denn eine Person, die weiß, „was" und „wie" sie etwas zu tun hat und deren Fähigkeiten den Anforderungen der Tätigkeit gerecht werden, kann sich ganz einlassen und in der Tätigkeit aufgehen. Kompetenz gibt (Selbst-)Sicherheit. Klingt anstrengend, lohnt sich aber.

Wie kann ein Küchenverkäufer seine Kompetenz überzeugend so vermitteln, dass sie auch wahrgenommen wird? Und wie lässt sich diese besondere Kompetenz gewinnen und ausstrahlen? Hier ein kleines Turbo-Training in Sachen Kompetenz und praktischer Überzeugungsarbeit.

1. Sachkompetenz

Natürlich ist die gründliche Kenntnis des eigenen Fachgebiets die unerlässliche Grundlage jeder zu vermittelnden Kompetenz. „Die Produkte werden immer intelligenter, die Verkäufer werden immer dümmer", beklagte das *Handelsblatt* schon vor Jahren. Drumherum-Gerede, Vermutungen oder Achselzucken machen nicht nur einen schlechten Eindruck, sie sind, besonders bei einem so komplexen und kostenträchtigen Objekt wie dem Küchenkauf, die Garantie, dass der Interessent nicht Kunde wird!

Deshalb ist das Wissen über die eigenen Produkte und ihre Besonderheiten, angereichert mit Expertenwissen etwa über die Lüftungstechnik/laminare Luftführung oder die Physik, die Basis des Verkaufsgesprächs. Wer sich in seinem Fach auskennt, weiß auch über die eigene Dienstleistung und das eigene Angebot Bescheid, den Markt und die Wettbewerber, über wirtschaftliche und politische Rahmenbedingungen. Auf diese Weise werden die Beratung und der Verkauf einzigartig in Service, Produkt und Dienstleistung.

Alle Fachkompetenz nützt allerdings wenig ohne die Fähigkeit, auch soziale Kompetenz zu vermitteln. Wer darüber verfügt, kann individuelle und zwischenmenschliche Prozesse schnell erfassen – die Basis für erfolgreiche Verkaufsgespräche. Der Verkäufer besitzt dann die Fähigkeit, mit den unterschiedlichsten Menschentypen umzugehen, ihre Gedanken, Gefühle und Wertevorstellungen sensibel wahrzunehmen und entsprechend mit ihnen zu kommunizieren. Dabei unterstützt die Typologie nach BORA als weiteres Tool.

Zur Methodenkompetenz zählen die Gesprächsführung, die Einwandbehandlung, die Gesprächsmethodik, die Preisverhandlung und das Abschlussgespräch sowie das richtige Verhalten bei möglicher Folgereklamation. Es geht also um das gesprächsbezogene Know-how, die Präsentationsmethode, aber auch um Organisation und Zeitmanagement.

2. Konzentration – Fokussierung

„Wer zwei Hasen gleichzeitig jagt, wird keinen davon fangen."

Konfuzius

Die Fähigkeit, sich auf weniges zu konzentrieren, ist im Verkauf maßgeblich für den Verkaufserfolg. Fokussieren bedeutet mehr als sich zu konzentrieren. Wer sich fokussiert, richtet sich auf einen bewussten Angebotsausschnitt aus und widmet sich diesem mit all seiner Energie und Leidenschaft. Fokussierte Menschen und Unternehmen sind nicht nur enorm ausdauernd und hartnäckig, sie lassen sich auch kaum ablenken oder entmutigen. Tatsächlich eint die meisten Erfolgreichen diese Eigenschaft. Sie alle hatten oder haben einen entscheidenden Traum, eine Vision, ein Ziel, das sie mit aller Kraft und mit sehr klarem Fokus verfolgen. Solche Erfolgsmenschen wissen: Weniger ist mehr.

3. Identität – Marke

WARUM soll ich bei dir kaufen? Wofür stehst DU? Warum soll ich für DICH mehr Geld bezahlen, wenn ich die Küche doch woanders günstiger kaufen kann?

Es gilt deshalb, sich selbst und damit das eigene Küchenstudio als Marke zu positionieren, sich zu profilieren, sich durch Alleinstellungsmerkmale herauszuheben. Nur der Verkäufer als unverwechselbare „Marke" im Küchenverkauf vermittelt Vertrauen und Sicherheit, während das angebotene Produkt einen Nutzen für Kunden (Zubereiten, Kochen, Essen, Reinigen, Effektivität) bietet.

Um sich der eigenen Identität zu vergewissern, lohnt es sich, sich selbst ein paar Fragen zu stellen: Wer bin ich? Wozu gehöre ich? Wo will ich sein? Wie werde ich authentisch, unverwechselbar und damit erfolgreich? Wie komme ich zu einer echten Identität, die mir und meinem Unternehmen hilft?

Identität schafft Erfolge.

Für die Identität steht jeder Unternehmer, jeder Küchenverkäufer selbst. Als Mitarbeiter übernehme ich idealerweise die Unternehmensidentität und füge sie meiner eigenen hinzu. Als Mitarbeiter werde ich wahrgenommen durch die Identität des Unternehmens. Als Handelspartner von BORA profitiere ich von allem, was BORA bietet.

Identität lässt sich jedoch nur mit Werten gewinnen. Werte gehören zu den Leitlinien für Unternehmen und Verkäufer. Diese Werte müssen passen und immer wieder bestätigt werden, sonst kommt es zum Konflikt zwischen Identität und Image.

Identität braucht Werte.

Wer eine Identität entwickelt und sich als Marke positioniert hat, hat es leichter, das Vertrauen der Kunden zu gewinnen. Vertrauen in eine Person und ein Unternehmen oder eine Marke ist die beste Form, Kunden an sich zu binden. Vertrauen gilt für Unternehmer ebenso wie für Mitarbeiter.

Identität gibt Vertrauen.

Storytelling hilft, die eigenen Produkte, die eigene Identität stärker zu emotionalisieren und mit mehr Leben zu füllen. Geschichten zu erzählen, erleichtert es, die Kunden direkter, persönlicher anzusprechen und Gefühle bei ihnen zu wecken. Geschichten unterhalten, faszinieren und bleiben haften – und die Reaktionen der Kunden helfen dabei, ihre Bedürfnisse vorauszuahnen und so mehr Umsatz zu machen.

„Facts tell stories sell"

4. Vorbereitung – Priming

Wie bereite ich ein Gespräch vor? Wie verhandle ich? Welche Strategie wähle ich? Wie präsentiere ich mich dem Kunden, wie präsentiere ich mein Angebot? Wie bereite ich mich auf Kundentermine vor? Oder erledige ich das intuitiv? Habe ich einen Gesprächsleitfaden in der Hinterhand? Gibt es einen vorbereiteten Fragenkatalog? Stimme ich mich gedanklich auf das bevorstehende Treffen ein? Habe ich mir schon im Vorfeld ein Ziel überlegt?

Auf den ersten Blick mögen dies viele Fragen sein: „Jemand, der seine Stärke im Improvisieren sieht, gibt in Wirklichkeit zu, dass er eine Schwäche in der Vorbereitung hat“, so Businesstrainer Frieder Gamm.

Grundsätzlich geschieht die Vorbereitung, das „Einstimmen“ auf zwei Ebenen:

- Das eigene positive, zielorientierte Einstimmen des Verkäufers auf das Kundengespräch
- Das Einstimmen des Kunden

Dieses „Einstimmen“ nennt sich auch Priming.

Tatsache ist, dass unser Verhalten, unsere Gedanken und Gefühle nicht aus dem Nichts heraus geschehen, sondern durch einen Kontext erzeugt und gelenkt werden. Oder anders formuliert: Wir reagieren im Wortsinn. Nur ist uns diese Verbindung zwischen Reiz und Reaktion nur selten bewusst.

Aus Experimenten in der Psychologie kennen wir für diesen Priming-Effekt eindrucksvolle Beispiele:

- Menschen, die einen Bleistift quer mit den Zähnen festhalten, finden Filme und Comics sofort lustiger, weil der Bleistift sie zum Lächeln zwingt.
- Werden Menschen an ein beschämendes Erlebnis erinnert, steigt das Bedürfnis, sich zu waschen (sog. Macbeth-Effekt).
- Menschen, die ein warmes Getränk berühren, eine warme Tasse Tee oder Kaffee, finden ihr Gegenüber automatisch sympathischer, als wenn sie ein kaltes Getränk in der Hand halten.

Der englische Begriff *priming* bezeichnet in der Psychologie die (subtile) Beeinflussung unseres Denkens. Die Wirkung des Primings ist jedoch so stark, dass sie unsere Reaktion auf einen Reiz oder gar unser anschließendes Verhalten, ja sogar unseren Gemütszustand massiv verändern kann. Vor allem dann, wenn das Priming unbewusst geschieht.

Im Verkauf gibt es bekanntlich etwas Vergleichbares: die sogenannte JA-Kette. Hat der Kunde auf mehrere Fragen hintereinander, passend zum Thema, JA gesagt, ist er entsprechend „gebahnt“. Er hat dem Berater zehn Mal Recht gegeben und mit JA geantwortet. Er hält ihn also für kompetent und ist auf JA eingestimmt. Damit steigt die Chance, dass er letztlich auch JA zum Produkt oder zur angebotenen Dienstleistung sagt und unterschreiben wird. Solche JA-Ketten auszulösen, ist ganz einfach, zum Beispiel mit dieser Frage: „Haben Sie sich schon einmal den Kopf an einer Abzugshaube gestoßen?“

Natürlich lässt sich Priming nicht nur zum Einstimmen des anderen einsetzen. Durch den Priming-Effekt lässt sich auch die eigene Leistung steigern. Wer an den eigenen Erfolg glaubt, erreicht mehr. Forscher haben das schon mehrfach belegt: Die Macht unserer Gedanken, sich selbst positiv aufzumuntern, hilft, erfolgreich zu sein.

Die richtigen Fragen richtig zu stellen und herauszufinden, wie der Kunde behandelt werden möchte und welche Bedürfnisse er hat, ist also extrem wichtig. Zu wissen, welche Fragentypen es gibt, ob nun offene, geschlossene oder Alternativ-Fragen, gehört zum Verkäufer-ABC.

Ein strategisch vorbereitetes Verkaufen setzt jedoch voraus, dass die unterschiedlichen Phasen des Verkaufs individuell betrachtet werden. Der Verkäufer sollte wissen, in welcher Phase der Kunde sich gerade befindet, und den Kunden erfolgreich und mit der richtigen Strategie durch die unterschiedlichen Phasen begleiten.

5. Präsentation

Wie präsentiere ich mich und mein Angebot, mein Produkt, meine Dienstleistung? Wie präsentiere ich meine Ausstellung, wie auf Messen, bei Koch-Events, auf der Website, in Printmedien? Falle ich in der Region auf? Bin ich dort sichtbar?

Dabei ist die Kundensicht wichtiger als die Perspektive des Verkäufers. Damit kommt die richtige Präsentation ins Spiel. Wie geht also der typische Küchenkunde bei seinem Einkauf vor?

1. Informationssuche (Bekannte, Internet, „nur mal schauen")
2. Vorbereitung der Entscheidung (konkret ins Gespräch gehen, mehrere Angebote einholen, im Internet überprüfen, Freunde und Bekannte fragen)
3. Entscheidung und Kauf (Auftragserteilung, Abwicklung, persönlicher Kontakt, Monteur etc.)
4. Nutzung (Service, Kundendienst, Bedienbarkeit)
5. Empfehlung an andere (Bekannte, Bewertung im Internet)

Das Kaufverhalten der Kunden hat sich in den letzten Jahren grundlegend geändert. Er ist vor seiner Entscheidung auf allen Kanälen unterwegs. Internet und soziale Medien haben eine neue Öffentlichkeit geschaffen, die es für die eigene Präsenz zu berücksichtigen gilt. Fachleute sprechen bei der Wechselwirkung zwischen Online- und Offline-Kanälen vom ROPO-Effekt. ROPO steht für „Research Online, Purchase Offline" und „Research Offline, Purchase Online". Also: Man sucht im Internet und kauft im Fachhandel oder umgekehrt.

Der potenzielle Kunde sollte jedenfalls dem jeweiligen Küchenplaner/-Verkäufer auf möglichst vielen Kanälen begegnen. Dabei müssen wir ihn im übertragenen Sinne berühren. Nur so können wir erreichen, dass sich die Kunden in unsere Produkte verlieben. In den digitalen Medien erzielen bewegte Bilder dabei die größte Aufmerksamkeit.

Digital Signage ist die effektivste und schnellste Art, Menschen über Netzwerke von digitalen Displays mit individuellen Botschaften zu erreichen. Die Signages von BORA unterstützen genau diesen Effekt.

Bewegte Bilder sind beim Präsentieren aber nicht alles. In jeder Präsentation, erst recht in der eigenen Ausstellung, steckt auch Potenzial für eine sinnliche Markenführung, die möglichst alle Sinne des Kunden anspricht und aktiviert. Wenn Signale und Reize einer Marke, eines Produkts oder einer Dienstleistung viele Sinne ansprechen, erhöht sich die Wahrscheinlichkeit, dass beim Kunden unbewusst Kaufentscheidungen ausgelöst werden.

Kunden nehmen mit allen Sinnen wahr! Alle Werte, Gefühle, Erlebnisse, Emotionen, Beziehungen und sogar die Produkte und Dienstleistungen, die wir konsumieren und nutzen, werden kontinuierlich – bildlich gesprochen – auf einem Sinnes-Recorder aufgenommen.

Nicht zuletzt durch die Allgegenwart der digitalen (= visuell/auditiv) Medien übersehen Unternehmen oft die drei weiteren Sinne. Jahrelang haben die visuelle Reizüberflutung und die einseitige Konzentration auf den Seh- und Hörsinn zu einer Vernachlässigung der anderen Sinne geführt. Ein Versäumnis, denn dadurch wird ein großes neurobiologisches Potenzial nicht genutzt, um sich vom Markt zu unterscheiden und abzuheben.

Der herkömmliche Videorecorder hatte zwei separate Aufnahmespuren: eine für die Bilder und eine für den Ton. Der Mensch ist in diesem Sinne ein Fünf-Spuren-Recorder (Sehen, Fühlen, Schmecken, Riechen, Hören), der ständig aufnimmt, bewusst und unbewusst.

Wird nur ein Sinneseindruck angesprochen, liegt die Kundenloyalität bei 30 Prozent. Hinterlassen aber vier bis fünf Sinneswahrnehmungen einen Eindruck, erreicht sie 60 Prozent. Das heißt ganz konkret: Die Zahl der potenziellen Käufer verdoppelt sich!

Der international anerkannte Experte für Markenbildung Martin Lindstrom untersuchte mit dem Forschungsinstitut Millward Brown den Einfluss verschiedener Sinnesreize auf eine Kaufentscheidung. Danach haben visuelle Reize mit 58 Prozent den größten Einfluss. Mit 45 Prozent folgen olfaktorische Reize (also über den Geruchssinn wahrnehmbar), dann mit 41 Prozent Hörreize. Der Geschmackssinn erreicht 31 Prozent und der Tastsinn 25 Prozent.

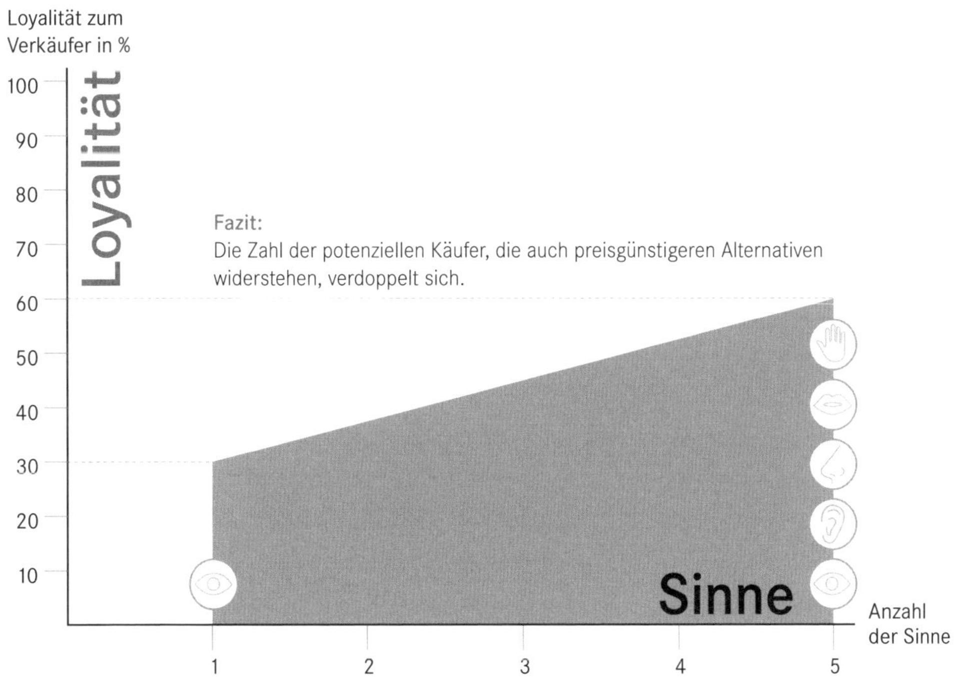

(Studie „Brand Sense“ von Millward Brown)

Tipp von BORA
Braten Sie ein kleines Steak oder etwas Gemüse mit dem Kunden, bevor Sie ein Verkaufsgespräch beginnen, und Sie werden sehen, dass sich Ihre Abschlussquote signifikant erhöht.

Oft lassen sich mit einem Produkt sogar Sinnessysteme erreichen, an die wir in Verbindung mit dem Produkt zuerst gar nicht denken. Umso wirksamer können solche Signale für die Kaufentscheidung werden. Denken wir zum Beispiel ans Riechen: Bei all unseren Sinnen denken wir erst, ehe wir reagieren. Bei Gerüchen reagiert unser Gehirn, noch ehe wir denken.

Geruch schafft Erinnerungen. Der Geruchsinn ist „das Tor zur Seele".

Für den Küchenplaner kommt es darauf an, alle Sinne anzusprechen – ein Markenerlebnis zu wecken, das Sehen, Hören, Fühlen, Schmecken und Riechen im Gehirn des Kunden vereint –, um im Wettbewerb der Wahrnehmung mithalten zu können. Dies gilt bei Auftritten auf Messen, aber vor allem für die Ausstellung. Sie ist die Visitenkarte des Küchenplaners und sollte ein besonderes Kauferlebnis bieten. Der Besuch in der Ausstellung muss Neugierde wecken, Orientierung geben, alle Sinne beeindrucken, multisensorische Erlebnisse schaffen und außergewöhnliche Highlights bieten – ohne dass dabei die kompetente Beratung verlorengeht. Aus diesem Grund ist Live-Cooking auch so wirkungsvoll.

Der Kunde muss im Unterbewusstsein spüren – hier stimmt alles, hier fühle ich mich wohl.

Gefühl kommt von fühlen! Keine noch so brillant formulierte und visualisierte Erklärung kann den Kunden besser überzeugen. Erst wenn er ein Produkt auch schmecken, riechen und ertasten kann, ergreifen ihn die Produktvorteile. Erst dann lässt er sich von etwas mitreißen, entdeckt er selbst die Vorzüge – mit allen Sinnen.

Der BORA Truck hat mittlerweile schon viele Handelspartner und Endkunden, Architekten oder Projektplaner nachhaltig begeistert. So werden über die Präsentation, über ein gemeinsames Erlebnis, weitere Kontakte geknüpft.

„Das Erlebnis, den BORA Truck hier zu haben, ist einfach spektakulär, hochemotional und sorgt für einen unvergesslichen Genuss-Event in luftigen 30 Metern Höhe.“

Hans-Peter Höschele von La Cuisine in Sinsheim

Durch ein außergewöhnliches, die Sinne aufwühlendes Erlebnis bleiben Menschen, Produkte und Ereignisse „unvergesslich“. Auch das erhöht das Interesse, verstärkt die Aufmerksamkeit aller Sinne. Diese Tatsache illustriert der BORA Truck auf eindrucksvolle Weise.

Der BORA Truck bringt die „Revolution in der Küche“ auf die Straße. Der aufwendig umgebaute Lkw mit aufgesetztem Glaskubus ist gleichzeitig Küche, natürlich ausgestattet mit allen drei BORA Systemen, Speisezimmer und Event-Location. Der 19 Meter lange 40-Tonner ist international unterwegs und lässt seine Besucher mittels Krantechnik 30 Meter in die Höhe schweben. BORA in the Air! Regelmäßig finden hier Kochvorführungen statt. Durch das Abenteuer in der Höhe ist es ein ganz unvergessliches Geschehen, etwas, das die Kunden zuvor in der Form noch nicht erlebt haben.

BORA
cooking systems

6. Vernetzung – Teambuilding

Ein altes Sprichwort lautet: „Wer alleine arbeitet, addiert – wer zusammenarbeitet, multipliziert." Hilfreich fürs Geschäft ist es deshalb, kreativ miteinander zu kooperieren, regional und überregional mit anderen Partnern, Handwerkern, Unternehmern, Dienstleistern, Architekten oder Lieferanten. Und so wertvolle Synergieeffekte zu erzielen. Möglich ist dies zum Beispiel durch das gemeinsame Veranstalten von Events, um unterschiedliche Kundengruppen anzusprechen, etwa mit dem BORA Truck.

Über persönliche Kontakte – oder auch das berühmte Vitamin B – wird häufig gesprochen. Es zeigt sich immer wieder, dass persönliche Kontakte großen Einfluss auf den Erfolg eines Verkäufers, eines Unternehmens haben. Die Vorteile liegen auf der Hand:

- Der Fürsprecher

Es ist nicht immer leicht, andere von der eigenen Persönlichkeit, den Stärken und Qualifikationen zu überzeugen. Gibt es hingegen jemanden, der ein gutes Wort für einen einlegt (besonders wenn diese Person eine wichtige Position innehat, zum Beispiel Architekten, Projektplaner), verbessert sich die Ausgangsposition erheblich.

- Der Informationsvorsprung

Ein großes Projekt, auf das Eingeweihte schon lange gewartet haben, wird endlich freigegeben. Mit den richtigen persönlichen Kontakten kann der Küchenverkäufer in diesem Moment als Erster davon erfahren, ist den Konkurrenten somit einen Schritt voraus und kann sich zu einem frühen Zeitpunkt ins Gespräch bringen.

- Die persönliche Bevorzugung

Auch das kann passieren. Nicht immer bewusst und mit böser Absicht anderen Kandidaten gegenüber, doch es lässt sich nicht wegdiskutieren, dass persönliche Kontakte ein Türöffner sein können. Viele Menschen neigen dazu, das Bekannte zu wählen. So verbessern sich die Chancen für diejenigen, die bereits ein bekanntes Gesicht sind.

Die Vorteile vieler persönlicher Kontakte des Verkäufers sprechen auf jeden Fall für sich. Auf der anderen Seite ist Kontakte zu knüpfen aufwendig. Sie knüpfen sich schließlich nicht von alleine. Der Besuch von Fachmessen und Netzwerk-Veranstaltungen gehört gerade am Anfang dazu. Nur wer auf andere Menschen zugeht, präsent ist und im Gedächtnis bleibt, kann langfristige persönliche Kontakte aufbauen, die dauerhaft nützlich sind.

Küchenkauf ist eine sehr emotionsgetriebene Entscheidung. Sehr viele unbewusste Faktoren spielen dabei eine Rolle. Die Investitionsgröße verunsichert, ebenso aber auch die mangelnde Detailkenntnis des Käufers und in Fällen eine gewisse Einmaligkeit dieses Kaufs. Da sucht man im Vorfeld eine Absicherung, auf die man sich verlassen kann. Zum Beispiel durch „neutrale“ Fachleute und gute Freunde, die diese Entscheidungen schon einmal, möglichst vor Kurzem, getroffen haben. Deshalb hat auch das Netzwerk des Kunden einen nicht zu unterschätzenden Einfluss auf den Küchenkauf.

Ein gutes Netzwerk bringt viele Empfehlungskunden. Ein empfohlener Kunde benötigt siebenmal weniger Energie als ein Neukunde. Mehr Empfehlungen reduzieren Akquisekosten, das spart Zeit und Geld – mit vielen weiteren positiven Folgen.

Erfolgreiche Menschen haben in der Regel zahlreiche Kontakte, auf die sie zurückgreifen können und von denen sie Unterstützung erhalten. Sie pflegen und wertschätzen ihre Kontakte. Deshalb:

- Auf Messen, am Tag der offenen Tür so viele Interessentenadressen notieren wie möglich.
- Kooperationen bilden, Synergien mit regionalen- und überregionalen Partnern nutzen (z. B. BORA Verlinkung auf der Website).
- Kontakte zu Architekten und deren Adressen kontinuierlich pflegen. Hinter jedem Bauvorhaben steckt meist ein Architekt.

„Die Adress-Datenbank ist der Augapfel eines erfolgreichen Küchenstudios und Küchenverkäufers.“

Willi Bruckbauer

7. Gleichgewicht

Viele Menschen haben heutzutage das Gefühl, sie müssten sich klonen – und das am besten gleich mehrfach, um allen Anforderungen ihres Lebens gerecht werden zu können. Kaum verwunderlich, dass es nur eine Frage der Zeit ist, bis sich Unzufriedenheit breitmacht und das innere Gleichgewicht aus den Fugen gerät. Es gibt verschiedene Bereiche im Leben, die jeden Menschen prägen. Diese wiederum haben großen Einfluss darauf, wie zufrieden, glücklich oder auch gestresst und anfällig für Druck oder Krankheiten jemand ist. Das Lebensbalance-Modell kann dabei helfen, die wichtigsten Bereiche des Lebens ins Gleichgewicht zu bringen und so nicht nur für mehr Ausgeglichenheit, sondern auch für Glück und Zufriedenheit zu sorgen.

Allerdings gibt es keine festgeschriebenen Regeln, die besagen, wann genau das Gleichgewicht eintritt. Man muss nicht zwingend allen Bereichen die gleiche Zeit und die gleiche Aufmerksamkeit zukommen lassen, um die gewünschte Balance herzustellen. Vielmehr kommt es beim individuellen Gleichgewicht auf die Persönlichkeit, die eigene Situation und auch die eigenen Bedürfnisse an.

Das Lebensbalance-Modell wurde ursprünglich vom Neurologen Nossrat Peseschkian entwickelt.

Jeder Mensch kann die vier Bereiche also anders optimal für sich nutzen. Während manche mehr an die Karriere denken und sich beruflich stark engagieren, liegt der Fokus bei anderen eher auf Familie und Freunden. Solange man sich wohl und ausgeglichen fühlt, ist es durchaus normal, dass die einzelnen Bereiche unterschiedlich stark ausgeprägt sind. Schwierig wird es erst, wenn ein Bereich ganz wegbricht, etwa durch den Verlust des Jobs oder Krankheit. Auch können sich im Laufe des Lebens die Prioritäten entsprechend der aktuellen Situation immer wieder verändern.

Wer also ins Ungleichgewicht kommt, sollte herausfinden, was die Unzufriedenheit auslöst und welcher Bereich nicht mehr in Balance ist. So kann man gegensteuern und diesem Bereich wieder mehr Raum und Zeit geben.

Was hat das mit dem Verkaufen zu tun? Die klare Antwort lautet: sehr viel! Denn Kunden kaufen eher bei Menschen, die mit sich selbst im Reinen sind, sich im Gleichgewicht befinden und genau das auch ausstrahlen.

Wie ein Weltmeister für Balance sorgt, lesen Sie auf Seite 196/197.

Der Wendelstein ist ein begehrtes Ausflugziel für viele Wanderer und Urlauber und befindet sich in Sichtweite von BORA in Raubling.

Das Lebensbalance-Modell nach Nossrat Peseschkian

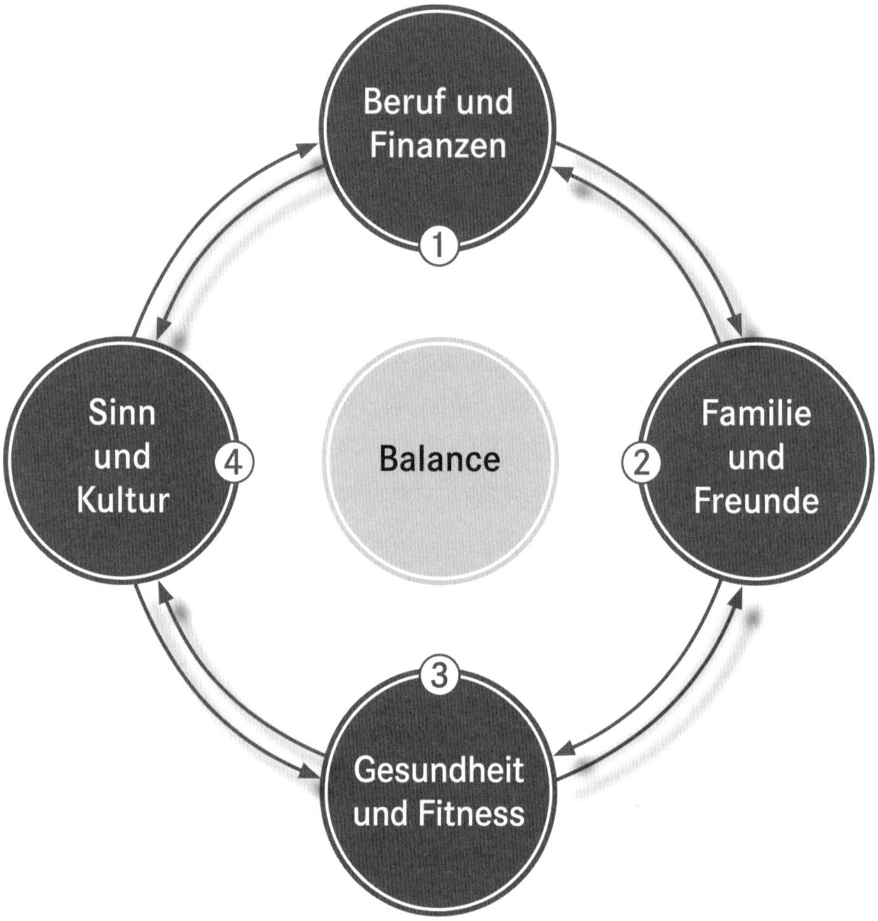

- Beruf und Finanzen

Die Arbeit ist für viele ein großer Teil des Lebens, in den nicht nur viel Zeit, sondern auch viel Energie und Hoffnung gesteckt wird.

Durch die Erwartungen kann dieser Bereich Beruf und Finanzen sehr erfüllend sein, bietet aber auch großes Frustpotenzial.

- Familie und Freunde

Familie, Partner, Kinder, Freunde, Bekannte und auch Kollegen bilden das soziale Umfeld eines Menschen und können ein wichtiger Rückhalt sein und Unterstützung bieten.

Fehlen hingegen die sozialen Kontakte oder landet man in einem negativen Umfeld, kann es zu Stress oder dem Gefühl der Isolation führen.

- Gesundheit und Fitness

Zu diesem Bereich der Lebensbalance gehören alle Themen rund um den Körper.

Dabei ist die Gesundheit der wichtigste Bereich, doch geht es auch um Ihre Ernährung, die körperliche und geistige Fitness und nicht zuletzt auch die Erholung nach anstrengenden Phasen.

- Sinn und Kultur

Jeder Mensch ist auf der Suche nach einem Sinn in seinem Leben und seinen Handlungen, genauso vertritt jeder Mensch seine eigenen Werte, die seine Persönlichkeit ausmachen.

Fehlt aber ein solcher Sinn oder weiß man nicht, worauf man hinarbeitet, droht Orientierungslosigkeit.

In Kürze

Noch mehr Erfolgsfaktoren für den Verkauf

Sachkompetenz – das Wissen über die eigenen Produkte und ihre Besonderheiten

Konzentration – auf die wichtigsten Angebotsinhalte

Identität – die eigenen Werte glaubwürdig vermitteln

Vorbereitung – auf das individuelle Kundengespräch

Präsentation – die Argumentation aus Kundensicht aufbauen

Vernetzung – von der Unterstützung der Kollegen und Geschäftspartner profitieren

Gleichgewicht – die eigene Energie und Zufriedenheit an den Kunden weitergeben

VDO
we cycle for the
we cyc

9 SPORTSPONSORING ALS AKTIVE VERKAUFSFÖRDERUNG

BORA
hansgrohe

Sportsponsoring als aktive Verkaufsförderung

„Man kann nur gewinnen, wenn alle im Team ihre Stärken haben, die es einem ermöglichen, den Sieg einzufahren."

Matteo Pelucci

Willi Bruckbauers Ziel war, seine eben lancierte Marke bekannter zu machen, auch um seinen Handelspartnern eine optimale Verkaufsförderung zu bieten. Dafür sollte BORA ebenso beim Endkunden zum festen Begriff für Kochfeldabzüge werden.

Ein entscheidender Anstoß für die weitere erfolgreiche Vermarktung der BORA Produktlinien ergab sich, als BORA im Jahr 2010 für den Gründerpreis in der Kategorie Start-Up nominiert wurde und diesen gewann. Denn gleichzeitig wurde Martin Viessmann, der Chef des gleichnamigen Herstellers von Heizkesseln, Wärmepumpen und Öfen aus dem hessischen Allendorf, für sein Lebenswerk ausgezeichnet. Beide kamen ins Gespräch und Viessmann erklärte dem Newcomer, dass sein eigenes Familienunternehmen erst durch das Sponsoring im Wintersport richtig bekannt geworden wäre. So unterstützt Viessmann eine Vielzahl von Wintersportarten.

Engagement für Sport als Chance, die eigene Marke ins Gespräch zu bringen – es war eine Überlegung, die den BORA Gründer sofort überzeugte: aus Kunden Fans machen! Kein anderer Hausgerätehersteller betrieb Sportsponsoring. Für den Firmengründer war es deshalb nur logisch, auf Sportsponsoring zu setzen.

Willi Bruckbauer ist selbst ein leidenschaftlicher Rennradfahrer. Als junger Mann arbeitete er selbst an einer Profikarriere, die Preisgelder ermöglichten ihm später den Einstieg in die Selbstständigkeit. Da lag es nahe, sich beim Sponsoring auf den Radsport zu konzentrieren, auch um wieder anders zu sein als die anderen. Radsport ist international und vor allem im Ausland populär.

Vor allem: Radsport tut man, Fußball schaut man! Das passt einfach besser zu einer so aktiven Marke wie BORA.

Gemeinsame Radausfahrt
mit BORA Handelspartnern

„Küchenverkauf ist wie Radrennen!“

Das Sportsponsoring im Radsport scheint auch deshalb so gut zu BORA und seinen Handelspartnern zu passen, weil die Erfolgsfaktoren ähnlich sind.

Der Verkauf einer Küche ist kein schnelles Geschäft. Man muss verschiedene Abschnitte überwinden, um zum Erfolg zu kommen, und strategisch vorgehen. Vorausschauendes Planen, das Achten auf Unwägbarkeiten und Fehlerquellen und Genauigkeit im Detail sind die Parallelen, die sich zu einem erfolgreichen Küchenverkauf ziehen lassen.

Hinzu kommen Zähigkeit, Standhaftigkeit und Hartnäckigkeit, die man im Radsport braucht. Diese Eigenschaften sind auch im Verkauf gefragt. Der Weg vom Erstkontakt mit dem Kunden, über die Beratungsgespräche und die Preisdiskussionen bis zur Unterschrift kann manchmal sehr lang sein. Planungsvorschläge werden immer wieder hinterfragt oder „über den Haufen geworfen“. Und dann ist plötzlich eine überzeugende Lösung gefunden, die anders ist als alles bisher Angedachte. Dies ist die entscheidende Möglichkeit, den Kunden zu begeistern, um wieder im Spiel zu sein und den Auftrag abzuschließen.

Im Wettbewerb mit anderen Küchenplanern ist – wie im Radsport – nicht jede Etappe zu gewinnen. Strategie und Planung spielen ebenso mit wie Engagement und Herzblut. Oft gibt es auch Strecken, auf denen man sich nicht verausgaben darf, um dann dort, wo man seine Stärken hat, zu triumphieren.

„Ich hätte nie gedacht, dass ich mal eine Tour-Etappe gewinne. Wenn du die Tour startest, hast du 21 Etappen vor dir und 200 Fahrer im Feld. Von den 21 Etappen sind zehn Bergankünfte (ich bin kein Bergfahrer), dann gibt es zwei oder drei Zeitfahrten (Zeitfahrer bin ich auch nicht), also bleiben dir nur noch acht Etappen, die du eigentlich gewinnen kannst.“

Marcus Burghardt, Deutscher Meister 2017

Auch wenn das gelegentlich beim Zieleinlauf übersehen wird: Erfolg im Radsport hängt natürlich von den Leistungen des Einzelnen ab, doch er ist zugleich ein Team-Ergebnis. Selbst ein Weltmeister braucht die Unterstützung seiner ganzen Mannschaft, auch hinter den Kulissen. Das Zusammenspiel muss funktionieren – genauso wie im Küchenstudio, wo sich einer auf den anderen verlassen kann. Das zeichnet Partnerschaft aus, von Verkäufer, Planer, „Teamchef“ und Lieferant wie von Star, „Wasserträgern“, Mechanikern und Sponsor.

Marcus Burghardt,
Deutscher Meister 2017

Vittel
BORA
hansgrohe
SAGAN P.
111
BORA
cooking systems

BORA
hansgrohe

LOUIS XIV
1638 1715
ROI DE FRANCE
ET DE NAVARRE
BORA

Und noch eine interessante Verwandtschaft gibt es: Der Erfolg im Küchengeschäft basiert wie beim Rennsport wesentlich auf der Perfektion des Materials. Hier wie dort sind es technische Feinheiten, die den Unterschied machen und langfristig für einen Spitzenplatz im Wettbewerb sorgen. Die Prinzipien von Küchen- und Rennradtechnologie mögen sich lange bewährt haben, doch ohne fortlaufende Innovationen fährt man hier wie dort dem Feld nur hinterher.

Mit Leidenschaft und Ratio

Es war jedoch nicht nur die Radsport-Leidenschaft von Bruckbauer alleine, die die Entscheidung leitete, beim Sponsoring auf diese Sportart zu setzen. Auch in diesem stark von Emotionen geprägten Umfeld versuchte er, seine Entscheidung mit Fakten zu untermauern. Es wurden also drei Agenturen beauftragt, die ermitteln sollten, welchen Werbewert der Einstieg ins Sportsponsoring für BORA bringen kann und welcher Sport dafür die größten Chancen bot.

Natürlich wäre – gerade wegen des Standorts im Voralpenland – Wintersport wie bei Viessmann eine Option gewesen, ebenso ein Engagement im in Deutschland so beliebten Fußball. Doch das Sponsoring eines Bundesligaklubs oder eines international bekannten Skistars hätte das Budget des Mittelständlers gesprengt.

Am Ende, als Reichweiten und potenzielle Werbewerte auf dem Tisch lagen, war für alle Beteiligten klar, dass tatsächlich Willi Bruckbauers Radsport genau das Richtige für die Marke war.

Die Vorteile lagen auf der Hand: Fußball, und dort etwa einen Zweitligaclub zu sponsern, wäre nicht nur deutlich kostspieliger gewesen. Es hätte BORA lediglich in Deutschland und nicht, wie gewünscht, in ganz Europa bekannt gemacht. Ganz anders beim Radsport: Vor allem in kochaffinen Ländern wie Frankreich, Belgien, Spanien und Italien genießen Radrennen traditionell einen hohen Stellenwert mit großer Publikumsresonanz. Eine Etappe der Tour der France sehen mehr Zuschauer im TV als in einem ganzen Jahr die Fußball-Bundesliga. Im Laufe jeder Tour stiegen die Anfragen bei BORA und im Fachhandel nach Informationen zu den Produkten deutlich an. Zudem erwies sich das Verhältnis zwischen dem, was BORA investiert und was es dafür bekommt, hier mit Abstand am besten – unter anderem auch deshalb, weil wegen der düsteren Doping-Vergangenheit dieser Sportart ein Sponsor aktuell weniger ausgeben musste.

„Unser Engagement macht sich eindeutig bezahlt. In radsportaffinen Märkten ist unser Wachstum 30 Prozent höher und schneller als in anderen Kernmärkten.“

Willi Bruckbauer

Multiplikatoreffekt auf vielen Ebenen

Seit 2012 sitzt BORA „fest im Sattel", zunächst als Trikotsponsor des Radteams Netapp-Endura. Schon im Sommer 2013, als BORA erstmals im deutschsprachigen Raum TV-Spots bei Eurosport platzierte, gelang es, vom ersten Tag an die Klickrate auf der Firmen-Website zu verdoppeln. Auch die Anzahl der Anfragen wuchs rasant. Danach gelang dem Unternehmen ein Glücksgriff: 2015 wurde BORA Sponsor des Rennstalls Bora-Argon 18, der bei den großen Rundfahrten, den europäischen Klassikern und vielen weiteren Radsport-Highlights rund um den Globus am Start ist.

Namenssponsor war 2015 und 2016 neben BORA ein kanadischer Fahrradproduzent. Erst war noch fraglich, ob das Team 2015 mit Argon 18 bei der Tour de France starten dürfe. Dann bekam es eine Wildcard, und die ARD zeigte wieder Livebilder. Auch 2016 war das BORA Team im Fernsehen zu sehen, dazu europaweit 5.100 Fernsehspots auf über 30 Sendern, die das Unternehmen schaltete. Der Werbeerfolg der Tour blieb nicht aus. Willi Bruckbauer und sein Team konnten quasi in Echtzeit messen, wie die Website-Zugriffe und die Katalogbestellungen nach oben gingen. „An 21 Tagen zwei Stunden live im TV bei der Tour de France – besser geht's doch gar nicht."

Ein Effekt, der den Namen BORA weithin und international bekannt gemacht hat. Und der natürlich auch positive Auswirkung auf jedes Verkaufsgespräch hat.

UCI
BORA
hansgrohe
CRAFT

Ein Spitzenteam formt sich

Seit Anfang 2017 ist BORA Hauptsponsor des Teams BORA, zu dem der Sponsor Hansgrohe hinzustieß. Auch hier sind die Synergien optimal, wie der Team-Manager Ralph Denk bei einer Pressekonferenz am 30. Juni 2016 betonte: „Hansgrohe ist eine Traditionsmarke, die für höchste Qualität und bestes Design steht. Ich bin unheimlich stolz, damit auch den Weg und die Werte des Teams, das seine Wurzeln und Identität in Deutschland hat, weiter zu unterstreichen."

Mit im Team ist der UCI-Dreifach-Weltmeister Peter Sagan, eine Ikone des modernen Radsports. Das neu zusammengestellte Team, das 2017 bei der Tour de France mit dabei war, ist eine spannende Mischung aus jungen Talenten und erfahrenen Spitzenfahrern. „Das Team um Peter Sagan stellt die perfekten Botschafter, um die Revolution in der Küche auch auf die Straße zu bringen", sagt Willi Bruckbauer.

Peter Sagan holt das Regenbogentrikot dreimal in Folge!

In einem packenden Finale beim WM-Straßenrennen in Bergen gewann BORA-hansgrohe-Profi Peter Sagan als erster Radsportler der Geschichte zum dritten Mal in Folge den Weltmeistertitel im Straßenrennen. „Ich denke, wir haben in dieser Saison vieles richtiggemacht, auch Peter war oft in überragender Form. Aber wir hatten leider immer wieder im entscheidenden Moment Pech. Dieser Augenblick heute wiegt alles wieder auf. Nun würde ich sagen, dass wir statt einem guten ersten Jahr in der WorldTour ein herausragendes Jahr hatten," so BORA-hansgrohe Team Manager Ralph Denk.

Das Team setzt wie bisher auf den Claim „ride natural" – fahre natürlich. Dieses Motto steht für eine gesunde Ernährung und Lebensweise, respektvolles Verhalten und Fairness – Werte, die auch für BORA zur Unternehmensidentität gehören.

Willi Bruckbauer ist davon überzeugt, dass der Weg, den BORA mit dem Team BORA-hansgrohe eingeschlagen hat, sehr erfolgreich sein wird. Aus der Kombination von Sponsoring und Aktivierung konnte das Unternehmen vor allem in den radsportaffinen Ländern ein enormes Umsatzwachstum verzeichnen. Darum hat er sich entschieden, das Engagement deutlich zu verstärken, um mit BORA weiter zu expandieren und auch auf diese Weise der Vision vom Ende der Dunstabzugshaube Schritt für Schritt näherzukommen.

Peter Sagan, dreifacher Weltmeister

BORA im Gespräch
mit Peter Sagan, Dezember 2016

Was bedeutet Erfolg für dich, wann fühlst du dich erfolgreich?

Wenn ich morgens aufwache und glücklich bin. Ich bin glücklich, weil ich das tue, was ich mir immer erträumt habe, seitdem ich ein Kind bin. Ich lebe meinen Traum. Manchmal ist es ein sehr harter Traum, härter als ich es mir als Kind vorgestellt habe, aber ich wollte immer Radrennfahrer werden. Ich habe mehr erreicht, als ich jemals gedacht hätte, und dafür bin ich sehr dankbar.

Was hast du anders gemacht als die anderen Radrennfahrer?

Es kann immer nur einer gewinnen. Und jeder Tag ist anders. Beim Radsport geht es nicht um einen kurzen Moment, sondern man sitzt vier, fünf oder mehr Stunden im Sattel. Manchmal unter sehr schwierigen Wetterbedingungen (Regen, Schnee, starke Hitze). Da muss man sehr belastbar und gut vorbereitet sein, eine gute Ausdauer haben, ein bisschen Glück, und man muss an sich selbst glauben, daran, dass man selbst der Beste ist.

Es gibt schwierige Situationen im Leben eines Pro-Riders, wie gehst du mit diesen harten Zeiten um?

Wenn du die richtigen Menschen um dich herum hast, geht es dir eigentlich nie schlecht. Selbst wenn du mal ein Problem hast, helfen sie dir, die Perspektive zu wechseln und die Dinge aus einem anderen Blickwinkel zu sehen.

Wie hast du dich in jungen Jahren motiviert, immer und immer wieder zu trainieren, während die anderen auf Partys gingen?

Die Menschen, die dich umgeben, haben einen großen Einfluß auf dich. Als ich neun Jahre alt war, organisierte mein Radsportclub viele Freizeiten und so wurden die anderen jungen Radsportler meine Freunde. Morgens Schule, nachmittags Training, so verbrachte ich meine Zeit – wie all meine Freunde. Wir hatten eben die gleichen Interessen. Und klar: Nach der Saison war auch mal Zeit für Partys.

Wie gehst du mit Druck und mit der Erwartungshaltung von außen um?

Druck kann nur von oben kommen. Wenn du dein Bestes gibst und es schaffst, die Dinge nicht so nah an dich herankommen zu lassen, kann dir auch niemand Druck machen. Steh drüber, was kann dir schon passieren?

Wie hoch ist dazu im Vergleich der Druck, den du dir selber machst?

Na klar, ich will gewinnen. Aber ich setze mich nicht unter Druck. Ich will mein Bestes geben, egal was ich tue. Wenn es ausreicht und ich gewinne, bin ich glücklich. Wenn nicht, kann ich nichts machen, das Rennen ist vorbei. Ich muss konzentriert bleiben und fokussiert auf das nächste Rennen und damit die Chance für einen nächsten Sieg.

Wie bereitest du dich mental auf ein Rennen am nächsten Tag vor?

Als ich noch jung war, war ich oft sehr nervös vor einem Rennen. Dann gewann ich die ersten Rennen und das machte mich noch aufgeregter. Ich schlief sehr schlecht damals. An einem bestimmten Punkt entschied ich, meine Einstellung zu ändern. Ich definierte, was für mich wirklich wichtig war im Leben, um mental stärker zu werden. Es ist mir egal, was andere denken oder sagen. Dass es meinen Freunden und meiner Familie gut geht und sie gesund sind, das ist es, was mir wirklich etwas bedeutet. Ob ich ein Rennen verliere oder gewinne, ich bin abends noch immer dieselbe Person und esse zu Abend wie am Tag zuvor. Was ist Ehrgeiz? Man kann viele Rennen gewinnen und trotzdem unglücklich sein. Man kann viele Rennen verlieren, zweiter oder dritter sein und trotzdem ein glückliches Leben führen. Es ist alles eine Frage der Einstellung. Ein mentales Ding. Viele Menschen sind nicht glücklich mit dem, was sie haben, und wollen immer mehr. Natürlich will ich auch gewinnen. Aber ich kann eben auch immer wieder aufstehen, das Leben geht weiter und ich kann sehr gut schlafen.

Wie tankst du deine Energiereserven wieder auf?

Meine Tage sind ziemlich ausgelastet. Ich reise viel von einem Rennen zum nächsten. Da bleibt nicht viel Zeit, manchmal habe ich nur fünf Minuten für mich selbst und in diesen fünf Minuten schalte ich ab und regeneriere. Ich glaube, genau das ist eine sehr wichtige Eigenschaft von erfolgreichen Sportlern und erfolgreichen Menschen im Allgemeinen. Jeden verfügbaren Moment nutzen, um sich zu erholen. Physisch bist du zwar da, aber mental ganz woanders. Fokussiert zu sein hilft mir dabei. Ich habe ja keinen Bürojob und muss keine E-Mails schreiben, mein Job ist es, auf dem Rad gute Ergebnisse zu erzielen. Darauf muss ich mich konzentrieren und ich will mich nicht von zu vielen Dingen ablenken lassen.

Was ist das „unrealistischste“ Ziel, das du je erreicht hast oder erreichen willst, und was hast du daraus für dich gelernt?

Heiraten (mache nur Spaß!). Zum dritten Mal World Champion werden ist mein Ziel für 2017. Es ist ein Tagesrennen und alles muss perfekt klappen an diesem Tag. Wir werden sehen – alles ist möglich!

Was ist dein Motto im Leben?

Folge deinem Traum, glaub an dich, sei dankbar für das, was du hast.

Das Radteam BORA – hansgrohe beim
Teamtreffen zu Gast in der BORA Lounge

BORA

Neubau in Niederndorf

BORA – VOLLDAMPF VORAUS!

10

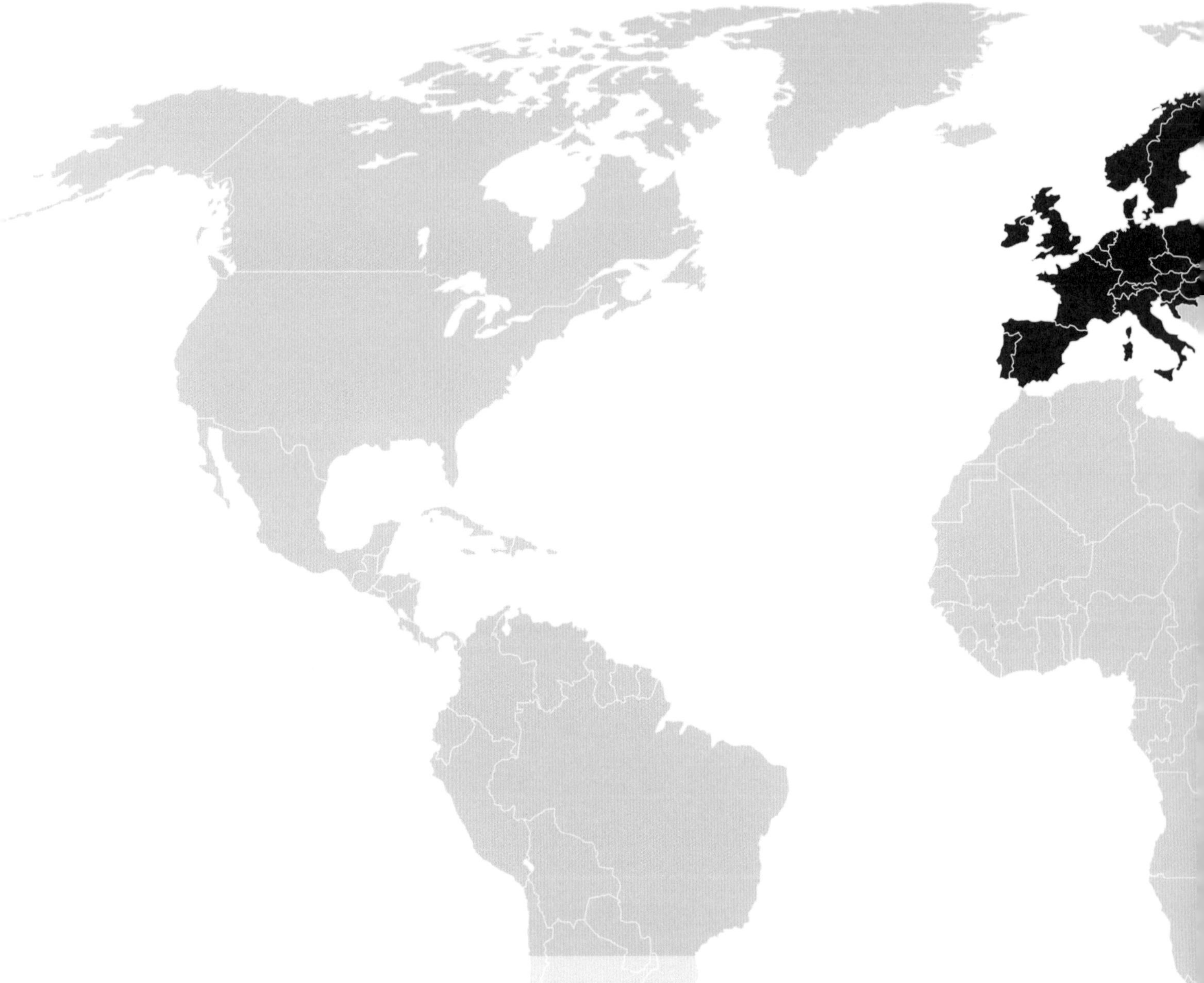

BORA – Volldampf voraus!

Die ersten zehn Jahre BORA dürfen in der Rückschau als außergewöhnliche Erfolgsgeschichte bezeichnet werden. Vom Startpunkt, der noch ein ausgesprochenes Wagnis mit ungewissem Ausgang gewesen ist, hat sich das Unternehmen inzwischen zu einem der wichtigsten Innovatoren der gesamten Küchenbranche entwickelt, der bei Handelspartnern und Kunden, bei Medien und zunehmend auch beim Wettbewerb großes Interesse findet. Im Juli 2015 kannten die Marke BORA nur 0,7 Prozent der deutschen Bevölkerung, hatte seinerzeit die Gesellschaft für Konsumforschung (GfK) festgestellt. Knapp zwei Jahre später, im März 2017, waren es bereits 8,8 Prozent, so die aktuelle Erhebung der GfK. Das bedeutet immerhin eine 13-fache Steigerung der Markenbekanntheit innerhalb von zwei Jahren!

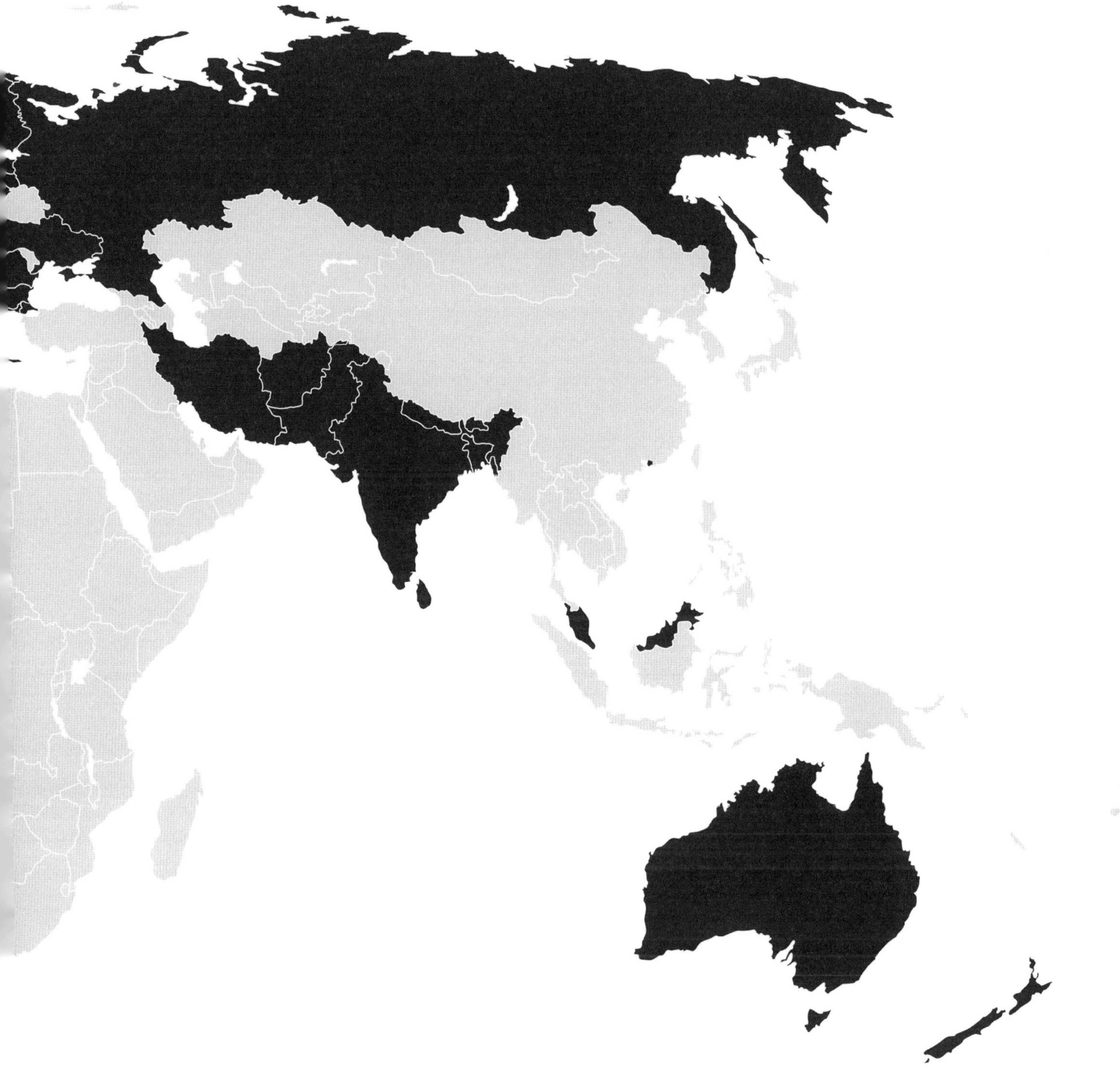

Doch wie wird es weitergehen? Kann das Unternehmen diese Wachstumsdynamik beibehalten und seine *pole position* verteidigen? Wie sehen die Pläne von Gründer Willi Bruckbauer aus? Sind neue ähnlich revolutionäre Technologien geplant? Was dürfen die Handelspartner für die Zukunft erwarten?

„Der Markt wird neu verteilt, und ich denke, wir haben gute Karten in der Hand."

Willi Bruckbauer

Denn das von BORA propagierte „Ende der Dunstabzugshaube“ scheint allmählich Wirklichkeit zu werden, nachdem sich auch große Hausgerätehersteller mit dem Kochfeldabzug à la BORA beschäftigen.

„Wir haben die Nische zum Markt gemacht.“

Willi Bruckbauer

Damit verändert sich der Markt – auch für den Pionier. Doch Willi Bruckbauer sieht diese mächtige Konkurrenz gelassen. Er betont sogar, dass dadurch die Bekanntheit der Technik noch gesteigert wird: „Konkurrenzprodukte sind grundsätzlich die Bestätigung des BORA Prinzips und helfen uns beim Erreichen unserer Vision.“

BORA hat dabei einen unschätzbaren Pluspunkt: Es ist das Original. Außerdem, so Bruckbauer: „Ein wichtiger Vorteil ist, dass wir den Weg zum Systemlieferanten gewählt haben. Von der Glaskeramik im Kochfeld, über die Ventilatoren, den BORA Ecotube-Kanälen bis hin zur BORA 3Box, unserem eigenen Mauerkasten. Alles aus einer Hand. Mit Funktionsgarantie. Da sind wir einzigartig!“

Da ist ihm selbst vor Preiskämpfen nicht bange. Qualität hat ihren Preis, das wissen auch die Handelspartner und die Kunden. Und außerdem, so Bruckbauer, „wollen wir doch alle, BORA wie unsere Handelspartner, auch Geld damit verdienen“.

Ebenso gewiss ist, dass die Marke weiterhin eine bedeutende Rolle als Innovator spielen wird. Immerhin wurde in den letzten Monaten allein die Zahl der Entwicklungsingenieure von zehn auf 24 mehr als verdoppelt, und das wird nicht das Ende sein. Auch das neue Entwicklungs- und Technologiezentrum im 23 Kilometer entfernten Niederndorf, Österreich, in dem künftig Entwicklung, Vertrieb und Marketing einziehen sollen, zeigt deutlich die Ambitionen der Marke. Doch nicht nur dort wird Zukunft gestaltet, auch im heimischen Raubling stehen die Zeichen auf Wachstum.

Mit dem Ende 2015 übernommenen ehemaligen Verwaltungsbau einer Papierfabrik, gegenüber dem „werkhaus“, ist nun auf acht Stockwerken reichlich Raum für weitere Expansion. Aber, so Bruckbauer: „Ich traue mich nicht, zu vermieten. Wir wachsen so schnell, bald werden wir die Fläche selber brauchen.“

Wie schon in der Vergangenheit sei dabei aber nicht schneller Erfolg die Zielsetzung, sondern langfristiges und gesundes Wachstum, betont der Firmengründer.

Zugleich ist Bruckbauer überzeugt, dass auch auf dem Heimatmarkt noch große Chancen für das Unternehmen und seine Handelspartner bestehen. Die Deutschen geben immer mehr Geld für die Küche aus, die das Auto als Statussymbol längst abgehängt hat. Laut der Studie „Future Living“ (Hanni Rützler, Food Report 2016) finden 57 Prozent der Befragten eine „tolle Küche“ wichtiger als ein „tolles Auto“, für das sich nur 29 Prozent der Befragten begeistern. Der Küchenmarkt ist ein Milliardengeschäft mit weiter wachsenden Umsätzen, das belegen nicht zuletzt die Statistiken des Branchenverbandes AMK (Arbeitsgemeinschaft Die Moderne Küche). Design und Funktion spielen eine immer bedeutendere Rolle. „Der Küchenhändler hat die historische Chance, Einbauküchen zu schönen Möbeln zu machen und damit neue Kunden zu gewinnen. Sieger werden die Küchenverkäufer mit Design-Affinität sein. Viele erfolgreiche Küchenhändler verwenden BORA inzwischen nahezu ausschließlich.“ (Bruckbauer). Das hat ja das eigene Beispiel hinlänglich bewiesen. Und für BORA? „Die Ideen liegen auf dem Tisch, es geht darum, die Marke bekannt, sympathisch und attraktiv zu machen.“

„Die Markenführer von morgen sind die Meister des Unternehmenswandels: Sie machen die Marken offen, entwicklungs- und zukunftsfähig.“
Achim Feige: Good Business. Das Denken der Gewinner von morgen.

„Kurzfristige Erfolge sind nicht unser Ziel, sondern langfristiges und gesundes Wachstum durch kluge Produkte und intelligentes Marketing.“

Willi Bruckbauer

Eines aber bleibt sicher: Auch in Zukunft wird BORA ein zuverlässiger und planbarer Partner für den Handel sein!

POWER FÜR DIE PRAXIS

11

Eine kurze Erinnerung: Je mehr Sinne Sie ansprechen, umso höher ist die Kundenloyalität und damit Ihr Verkaufserfolg. Es gibt nur zwei Aktivitäten, die alle fünf Sinne abdecken. Die zweite ist Essen! Hier finden Sie Anregungen für einen Koch-Quickie: 10 Minuten Vorbereitung, 10 Minuten Kochen.

Vroni Lutz

Teriyaki-Hähnchen

2 EL Pflanzenöl
4 Hähnchenbrustfilets, in Stücke geschnitten
2 cm Ingwer, fein gehackt
2 Knoblauchzehen, fein gehackt
1 EL Tamarindenmark (nach Belieben)
2 Karotten, geschält und in Scheiben geschnitten
2 Selleriestangen, in Scheiben geschnitten
1 kleine Zucchini, in Scheiben geschnitten
1 Handvoll Sojasprossen
100 ml Sojasauce
2 EL brauner Zucker
1 Avocado, in Scheiben geschnitten
1 EL Limettensaft
1 EL Sesamsamen
3 Stängel Koriandergrün, fein gehackt

1. Das Öl in einem Wok sehr heiß werden lassen. Das Fleisch kräftig darin anbraten, ggf. in zwei Tranchen. Ingwer, Knoblauch und Tamarinde, falls verwendet, dazugeben und mitbraten.

2. Karotten, Sellerie, Zucchini und Sojasprossen in den Wok geben und kurz mitbraten. Mit Sojasauce ablöschen und mit Zucker abschmecken. Einige Minuten einkochen lassen.

3. Die Avocadoscheiben auf Tellern verteilen. Das Gemüse und die Hähnchenstücke darauf anrichten. Mit einigen Spritzern Limettensaft beträufeln, mit Sesam bestreuen und, mit Koriandergrün garniert, servieren.

Vroni Lutz

Sesam-Lachs-Sashimi mit Wasabi-Erbsen-Stampf

2 EL Erdnussöl
500 g Lachsfilet
4 EL Sesam, weiß und schwarz
600 g Erbsen
1 Dose Kokosmilch
1 Msp. Wasabi
5 Stängel Koriandergrün, fein gehackt
1 EL Sojasauce

1. Das Erdnussöl in einer Pfanne stark erhitzen. Den Lachs in den Sesam drücken und von allen Seiten 15 Sekunden braten.

2. Die Erbsen blanchieren. Kokosmilch, Wasabi, Koriandergrün und Sojasauce zugeben und abschmecken. Mit dem Pürierstab grob pürieren.

3. Den Lachs in 1–2 cm dicke Scheiben schneiden und auf dem Wasabi-Erbsen-Stampf servieren.

Peter Sagan

Maishendl in Topinamburflakes

4 Bio-Maishendlbrüste
Salz
100 g Dinkelmehl
2 Eier
150 g Topinamburflakes, gehackt
2 EL Pflanzenöl
100 g frische Himbeeren
6 EL Balsamicoessig (6-jährig)
4 EL Walnussöl
frisch gemahlener Pfeffer
200 g Blattsalat nach Saison
50 g Walnusskerne, gehackt
frisch geriebener Parmesan

1. DIe Maishendlbrust von Haut und Knochen befreien und salzen. Mit Dinkelmehl, Ei und gehackten Topinamburflakes panieren und im Öl knusprig braten.

2. DIe Himbeeren zerdrücken, Balsamicoessig dazugeben, mit Walnussöl verrühren und mit Pfeffer abschmecken.

3. Den Salat mit dem Dressing anmachen. Die Hendlbrüste halbieren und auf dem Salat anrichten. Gehackte Walnusskerne und Parmesanspäne darübergeben und servieren.

BORA
We revolutionise behaviour and architecture in the kitchen.
BORA Basic.
Die Revolution für
BORA Basic.
a revolution

Johann Lafer

Gegrilltes Gemüse mit Flank Steak und Pesto

Für das Gemüse:
1 rote Paprika
4 Mini-Maiskolben
4 Mini-Zucchini
4 Mini-Auberginen
1 Strang Kirschtomaten
Olivenöl zum Marinieren
Salz und frisch gemahlener Pfeffer
je 2 Zweige Rosmarin und Thymian
2 Knoblauchzehen
3 EL Weißweinessig
2 EL kleine Kapern

Für die Steaks:
1 Flank Steak (etwa 1 kg)
2–3 TL Pfeffermischung
50 ml Olivenöl
3–4 Knoblauchzehen
je 4–5 Zweige Thymian und Rosmarin, gehackt

Für das Pesto:
je 5–6 Stiele glatte Petersilie und Basilikum
2 Knoblauchzehen
2 EL Balsamico Bianco
50 g Parmesan, in Stücken
etwa 125 ml Olivenöl
Salz

1. Die Paprika waschen, halbieren, entkernen und in kleine Rauten schneiden. Mais, Zucchini und Auberginen waschen, putzen und der Länge nach halbieren. Die Kirschtomaten waschen und in 4 Portionen teilen. Das Gemüse mit 2 Esslöffel Olivenöl mischen und mit Salz und Pfeffer würzen. In einer Grillpfanne etwa 3 Minuten braten.

2. Inzwischen die Kräuter waschen, trocken tupfen und hacken. Den Knoblauch schälen und hacken. Das Gemüse nach dem Braten mit Weißweinessig, gehackten Kräutern, Knoblauch, Kapern und 2 Esslöffel Olivenöl marinieren und auf dem Teller anrichten.

3. Das Steak 30 Minuten vor der Zubereitung bei Zimmertemperatur temperieren. Mit der Pfeffermischung einreiben und in Olivenöl mit Knoblauch und Kräutern von beiden Seiten 2 Minuten anbraten. Das Fleisch nach dem Braten 5 Minuten in der Pfanne ruhen lassen. Danach in gleichmäßige Tranchen schneiden.

4. Für das Pesto die Petersilie und das Basilikum waschen, trocken tupfen und die Blätter abzupfen. Die Kräuter mit Knoblauch, Balsamico und Parmesan in der Küchenmaschine fein mixen. Dabei langsam das Olivenöl einlaufen lassen. Mit Salz abschmecken. Das fertige Pesto über das Fleisch geben.

Andreas Senn

Thailändischer Rindfleischsalat mit Minze und Koriander

Für das Dressing:
15 g Chilipaste
15 g Fischsauce
25 g Limettensaft
10 g Maiskeimöl
60 g rote Paprika, entsaftet

400 g Rinderfilet
5 junge runde Thai-Auberginen, in Scheiben geschnitten
4 Frühlingszwiebeln, in Scheiben geschnitten
6 Korianderzweige
6 Minzzweige
2 Schalotten, in Scheiben geschnitten
1 Stück Zitronengras, dünn geschnitten
2 Kaffir-Limettenblätter, dünn geschnitten

Zum Anrichten:
2 EL gerösteter Reis
50 g rohe thailändische Schlangenbohnen, in Stücke geschnitten

1. Chilipaste, Fischsauce, Limettensaft, Maiskeimöl und Paprikasaft zu einem Dressing vermischen und zur Seite stellen.

2. Das Rinderfilet auf dem Tepan medium braten. In Streifen schneiden und mit den Auberginenscheiben unter das Dressing mischen.

3. Restliche Zutaten hinzufügen und alles gut vermischen. Mit geröstetem Reis und Schlangenbohnen anrichten.

Andreas Senn

Kalbsrücken à la „Saltimbocca“ mit Salbei, Rohschinken und Parmesan

4 Kalbsrückensteaks à 200 g
Meersalz und frisch gemahlener weißer Pfeffer
2 Ochsenherztomaten, in ½ cm dicke Scheiben geschnitten
50 g frischer Salbei
3 EL Olivenöl
2 gegarte Maiskolben
8 Scheiben Parmaschinken
3 EL Arbequina-Olivenöl
4 TL gepuffter Wildreis
50 g Parmesan

1. Das Flesich auf dem Tepan von allen Seiten scharf anbraten. Salzen und pfeffern und im Ofen bei 100 °C, Umluft, ca. 10 Minuten garen.
2. Die Tomatenscheiben ebenfalls auf dem Tepan braten und mit Meersalz würzen. Die Salbeiblätter im Olivenöl knusprig braten.
3. Den Mais in Scheiben längs von den Kolben schneiden und auf dem Tepan angrillen.
4. Den Kalbsrücken mit den Schinkenscheiben, Arbequina-Olivenöl, gepufftem Wildreis, dem Gemüse und geriebenem Parmesan anrichten.

Andreas Senn

Saibling mit gegrillten Avocados, Spinat, Gojibeeren und Hüttenkäse

4 Saiblingsfilets à 150 g
Meersalz, frisch gemahlener Pfeffer und Muskatnuss
4 EL Olivenöl
500 g Babyspinat, gewaschen
2 EL Walnussöl
2 EL getrocknete Gojibeeren
2 Avocados
200 g Hüttenkäse
4 TL Arbequina-Olivenöl
1 unbehandelte Zitrone

1. Die Saiblingsfilets entgräten, abwaschen und trocken tupfen. Mit Meersalz würzen und auf der Hautseite im Olivenöl knusprig braten.
2. Den Spinat in 2 Esslöffel Walnussöl erhitzen und zusammenfallen lassen. Mit Meersalz, Pfeffer und geriebener Muskatnuss abschmecken. Die Gojibeeren dazugeben.
3. Die Avocados entkernen und in Spalten schneiden. Auf dem Tepan knusprig anbraten. Den Hüttenkäse mit Salz, Olivenöl und etwas Zitronenschalenabrieb abschmecken.
4. Alles auf Tellern anrichten und mit etwas Arbequina-Olivenöl und frischen Zitronenzesten garnieren.

BORA in Zahlen

46.000 km hat unser Montagetrainer 2017 zurückgelegt, das ist einmal um die ganze Welt.

1.646 Küchenmonteure wurden auf diese Weise 2017 trainiert.

3 Peter Sagan schreibt Geschichte: Als erster Radsportler der Geschichte holt der Bora - hansgrohe-Profi das Regenbogentrikot dreimal in Folge!

8 Stockwerke hat das neue BORA Headquarter, die obersten zwei sind schon belegt.

13 Im Juli 2015 kannten die Marke BORA nur 0,7 Prozent der deutschen Bevölkerung, hatte seinerzeit die Gesellschaft für Konsumforschung (GfK) festgestellt. Knapp zwei Jahre später im März 2017 waren es bereits 8,8 Prozent, so die aktuelle Erhebung der GfK. Eine Verdreizehnfachung!

2 + 1 = 3 Jeder Kunde kann seine Garantie von 2 Jahren auf 3 verlängern.

48 Stunden maximal benötigt der Planungsservice, um eine Lösung vorzustellen.

2.500 Planungen hat unser Planungsservice allein 2017 angefertigt.

20 Prozent mehr Platz für Töpfe und Pfannen finden Sie auf dem Kochfeld von Bora Basic.

800 m^2 bietet das künftige Versuchstechnikzentrum für Prototypen und Produktmuster.

>6.000 Handelspartner verkaufen bereits BORA Produkte.

95 Prozent und mehr der Kundendienstfälle kann das Serviceteam bereits beim ersten Termin beheben.

2018 erhält BORA den internationalen Premiumpreis German Design Award in Gold.

10 Jahre revolutioniert BORA bereits die Küchenbranche.

Impressum

Neumarkter Straße 28
81673 München

Gestaltung und Produktion: bookwise, München

Konzept: Hansgeorg Derks und Sabine Hils

Projektleitung: Sarah Kirchner und Sabine Hils

Bildnachweis
Alle Fotos und Illustrationen: BORA, mit Ausnahme der Folgenden:
Marcus Burghardt (S. 189) und Peter Sagan (S. 194):
Mario Stiehl/Stiehl Photography
S. 198/199: Lukas Jahn

Druck und Bindung: Mohn Media Mohndruck GmbH, Gütersloh

Printed in Germany

ISBN: 978-3-424-29998-4